# DORCHADAS

Liam Ó Flaithearta (1896–1984).

Liam Ó Flaithearta

# DORCHADAS

*Tragóid: Trí Ghníomh*

Brian Ó Conchubhair
EAGARTHÓIR

Foilsithe i 2011 ag
ARLEN HOUSE
42 Grange Abbey Road
Baldoyle
Dublin 13
Ireland
Fón/Facs: 00 353 86 8207617
Ríomhphost: arlenhouse@gmail.com
arlenhouse.blogspot.com
www.arlenhouse.com

Dáileoirí Idirnáisiúnta
SYRACUSE UNIVERSITY PRESS
621 Skytop Road, Suite 110
Syracuse, NY 13244–5290
Fón: 315–443–5534/Facs: 315–443–5545
Ríomhphost: supress@syr.edu
www.syracuseuniversitypress.syr.edu

ISBN 978–1–85132–037–0, crua



Clóchur ¦ Arlen House
Priontáil ¦ Brunswick Press

Tá Arlen House buíoch de
Chlár na Leabhar Gaeilge
agus d'Fhoras na Gaeilge

Clár an Leabhair

Pegeen O'Flaherty; An tOllamh Nollaig Mac Congáil (OÉ, Gaillimh); an tOllamh Pádraig Ó Siadhail (St. Mary's University, Halifax); Mary O'Donoghue (Babson College); an tOllamh Philip O'Leary (Boston College); Lochlann Ó Tuairisg, Micheál Ó Conghaile (CIC); an tOllamh Robert Savage (Boston College); Chantelle Snyder (Ollscoil Notre Dame); Marie Darmody; an Dr Ríona Nic Congáil (Coláiste Phádraig, BÁC); Sara B. Weber, Kenneth Kinslow, Denise J. Massa (Leabharlann Hesburgh, Ollscoil Notre Dame); an tOllamh Peter McQuillan (Ollscoil Notre Dame); Kieran Hoare, Geraldine Curtin (Leabharlann James Hardiman, OÉ, Gaillimh); Gordon E. Hogg, James Birchfield, Matthew Harris (Leabharlann Margaret I. King, Ollscoil Kentucky); Kathleen Williams (John J. Burns Library, Boston College); Steven Johns (libcom); an Dr Liam Ó Páircín (Coláiste Mhuire gan Smál, Luimneach); an Dr Caitríona Ó Torna (Rannóg an Aistriúcháin); Marion Hutton, Michael Mitzman, Arnold Paucker, Bob Davenport (William Roberts Society); Sheila Lahr, Seán Seosamh Ó Conchubhair agus Tara MacLeod. Críochnaíodh an saothar seo le cúnamh comhaltachta – The Naughton Fellowship – ó Institiúid Mhic Eochaidh-Uí Neachtain um an Léann Éireannach, Ollscoil Notre Dame. Mo bhuíochas don Ollamh Máire Ní Annracháin agus don Ollamh Liam Mac Mathúna i Scoil na Gaeilge, an Léinn Cheiltigh, Bhéaloideas Éireann agus na Teangeolaíochta, an Coláiste Ollscoile, BÁC.

William O'Flaherty le William Roberts (William Roberts Society)
Sarah Roberts le William Roberts (William Roberts Society)
Esther Archer le William Roberts (William Roberts Society)
Rhys Davies, Bain News Service, Library of Congress Prints and Photographs Division, Washington D.C.
Charles Lahr, Esther Archer, Progressive Bookshop (le caoinchead Sheila Lahr)
Íomhánna is cáipéisí Uí Fhlaithearta (le caoinchead Pegeen O'Flaherty)

Aodh Ó Conchubhair-Cotter

2009

Now, you beetle-browed humbugs, you rapscallion, tub-thumping, whiskey-guzzling patriots, laugh and be merry. Rule away to your heart's content. I bear you no ill-will. You are doing me a favour. You are supplying me with first-class material for my dour tragedies

– Liam O'Flaherty 1927, 10

Margaret Barrington has a close touch of O'Flaherty about her style – or was it that O'Flaherty had a touch of Margaret? I often thought she used to give him a hand, but I may be mistaken

– Sean O'Casey 1945, 214

All his stories are of the Gaeltacht – except *Dorchadas* and that seems like an imitation of Russian novelists – Dostoievsky or Gorki

– Piaras Béaslaí 1957, 5

In his letters to Edward Garnett during his early years as a writer O'Flaherty was not always sincere

– A. A. Kelly 1996, 7

Liam Ó Flaithearta (1896–1984).

William O'Flaherty: portráid le William Roberts (1926).
Tulmhaisiú *Darkness: A Tragedy in Three Acts.*

Dráma eisceachtúil neamhghnách ab ea *Dorchadas*. Aithnítear é ar an mbundráma Gaeilge ba chonspóidí dár léiríodh i dtúsbhlianta luatha an Stáit (Ó Siadhail 1993, 65). Bundráma Gaeilge seachas aistriúchán; traigéide seachas dráma grinn, fronsa nó scigdhráma. Údar neamhghnách ab ea a údar leis agus fear nár chloígh le gnáthchoinbhinsiúin a linne: cainteoir dúchais as Árainn seachas foghlaimeoir; údar a raibh ainm in airde air i saol liteartha an Bhéarla agus díol maith ar a chuid leabhar Béarla; Óglach agus saighdiúir in arm Shasana a throid agus a gortaíodh sa Chogadh Mór; poblachtach tiomanta a throid i gcoinne an Chonartha Angla-Éireannaigh; trodaí a ghlac páirt i gCogadh na gCarad; sóisialaí a ghabh an Rotunda; fear a raibh tuairimí Nietzsche á scaipeadh aige agus a raibh drochthoil aige don Eaglais Chaitliceach. Breathnaíodh ar an drámaíocht i ndioscúrsa na Gaeilge ag an tráth seo mar áis oideachasúil leis an teanga a mhúineadh don phobal. Scríobhadh agus léiríodh drámaí go mion minic chun gáire a bhaint as an lucht féachana, chun tírghrá a spreagadh agus chun comhfhios náisiúnaíoch a mhúscailt (Ní Mhuircheartaigh agus Mac Congáil 2008, 27, 7–33). I gcomhthéacs na drámaíochta Gaeilge ag an am sin b'eisceacht é *Dorchadas* mar ní chuige sin é agus ní chuige sin a údar proifisiúnta.

Tugann scéal *Dorchadas* spléachadh dúinn ar shaol na litríochta, ar shaol na polaitíochta agus ar shaol chultúr na Gaeilge agus na hÉireann i dtúsbhlianta an tSaorstáit. Tá an Gúm agus an Comhar Drámaíochta – péire de na tionscnaimh is tábhachtaí dár bhunaigh an Rialtas nua chun an athbheochan teanga agus cultúir a chur i gcrích – lárnach sa scéal. Ní hamháin sin ach baineann an dráma go dlúth leis an nGaeltacht agus le híomhá den Ghaeltacht a bhí á cruthú agus á neartú i rith an ama seo (Ó Torna 2005, 96–166). Nochtann scéal an dráma – an léiriú ar stáitse Amharclann na Mainistreach sa bhliain 1926, glacadh an phobail leis, tuairiscí na léirmheastóirí sna nuachtáin náisiúnta agus plé an Ghúim faoina fhoilsiú – go leor faoi staid pholaitiúil agus chultúrtha na tíre agus faoi ghluaiseacht na Gaeilge ag an tráth corraitheach seo. Léiríonn an stair sin teannas beo Chogadh na gCarad agus meon na meánaicme Caitlicí maidir le béasa morálta, le hiompar, le húsáid teanga i gcúrsaí pobail agus litríochta sa Saorstát óg. Ina theannta sin, is é seo scéal duine de na scríbhneoirí Gaeilge is mó den ré: Liam Ó Flaithearta.

Bréagnaíonn aistriú agus foilsiú an dráma i mBéarla an tuairim go raibh saol na Gaeilge agus scríbhneoirí na Gaeilge gearrtha amach ó shruthanna intleachtúla na hEorpa. Léirítear bunsraitheanna i litríocht na Gaeilge; sraith an nua-aoiseachais agus sraith an tsóisialachais. Feictear dlúthnaisc idir údair Ghaeilge agus údair idirnáisiúnta. Feictear fear Gaeltachta ag scríobh agus ag malartú smaointe agus ábhar le grúpa radacach idirnáisiúnta a bhí sásta a shaothar a fhoilsiú, a dháileadh agus a scaipeadh go tapaidh agus deiseanna airgid a chruthú dó. Nascann an dráma seo Liam Ó Flaithearta le hainrialaithe, le sóisialaithe, le healaíontóirí agus le hintleachtóirí i Sasana agus cuirtear iad i lár an aonaigh ó thaobh na smaointeoireachta radacaí de. Tugann *Dorchadas* agus a aistriúchán Béarla grúpa éagsúil le chéile: iarshaighdiúirí, sóisialaithe, scríbhneoirí *avant garde,* ainrialaithe agus, ag leibhéal tánaisteach, cruthaíonn sé nasc idir an Comhar Drámaíochta, Conradh na Gaeilge agus William Roberts, *Blast,* Wyndham Lewis agus na *Vorticists* – an príomhghrúpa nua-aoiseach i Sasana.

Wyndham Lewis (1882–1957).

Cruthaíonn na nithe seo gur théamaí agus gur ghnéithe idirnáisiúnta uilíocha ab ea an nua-aoiseachas, an sóisialachas, agus an cumannachas sa tréimhse idir an dá chogadh dhomhanda a thrasnaigh teorainn náisiúnta agus teorainn teanga araon. Ní raibh saol na Gaeilge ná litríocht na Gaeilge dall orthu ná baol air. Ba dhioscúrsaí iad seo a raibh Liam Ó Flaithearta agus a leathbhádóir drámaíochta, Pádraic Ó Conaire compordach iontu (Riggs 1994; Ní Chionnaith 1995; Ó Cathasaigh 2007). Is féidir togra na beirte úd chun téatar taistil a bhunú le dul i bhfeidhm ar mhuintir na Gaeltachta – agus a gcuid iarrachtaí chun gluaiseachtaí liteartha a bhunú ag tréimhsí éagsúla – a thuiscint mar leathcheann na nua-aoisithe i Sasana (Tuma 1987, 406).

Nuair a shéan an Flaitheartach agus an Conaireach an *status quo* in Éirinn, ba chosúil iad le nua-aoisithe Shasana a dhiúltaigh don mheon Victeoiriach agus do mheon cúng na bhfoilsitheoirí agus, dá thoradh sin, bhunaigh siad grúpaí, clubanna agus baiclí beaga de scríbhneoirí i Sasana a raibh cuspóirí agus aidhmeanna coitianta acu (Thacker 2010, 689–90). Thug an bheirt scríbhneoirí Gaeilge faoi chumainn agus eagraíochtaí a bhunú ag amanna áirithe ar féidir cur síos a dhéanamh orthu i dtéarmaí Raymond Williams mar 'cultural formations' – grúpaí neamhfhoirmiúla de dhaoine leis an meon céanna a thagann le chéile chun cuspóir faoi leith a bhaint amach. Sa chás seo is féidir an togra drámaíochta a thuiscint mar:

> part of the more multifaceted scenario governing how cultural formations emerge and organize themselves in order to get their voices heard, perhaps dethatching [sic] themselves from certain mainstream aspects of culture, only to re-emerge with other aspects of commercial culture and thus compromise some of their own artistic rhetoric (Thacker 2010, 690–1).

Tugann *Dorchadas* agus *Darkness* deis mar sin chun an Flaitheartach agus an Conaireach a thuiscint mar bheirt a ghlac páirt, ní hamháin i nua-aoiseachas na Gaeilge agus in athbheochan na Gaeilge, ach mar bheirt a ghlac páirt i ngluaiseacht ilréimseach dhomhanda: sóisialachas, cumannachas agus polaitíocht na heite clé.

*Blast.*

Pádraic Ó Conaire (1882–1928).

Is féidir an Flaitheartach agus an Conaireach a athshamhlú i gcomhthéacs iomlán eile mar sin; comhthéacs níos leithne agus níos uilíche ná comhthéacs an náisiúnachais chultúrtha Éireannaigh agus comhthéacs na hathbheochana teanga in Éirinn. Sa chomhthéacs nua sóisialach idirnáisiúnta seo, is féidir gnéithe agus tréithe nua ina saothair a fheiscint agus a bhéimniú. Tagann an léamh seo le hargóint David Lloyd maidir leis an stair agus an greim a fhaigheann leaganacha áirithe den stair ar imeachtaí. Tréimhse ilghnéitheach ab ea an tréimhse 1913–1922 i saol polaitiúil agus cultúrtha na hÉireann. Cé go raibh na gluaiseachtaí éagsúla ag saothrú, ag feidhmiú agus ag gluaiseacht ag luasanna éagsúla, is minic, áfach, go gceiltear nó go ndéantar dearmad ar chuid de na gluaiseachtaí eile sin go minic. Nuair a tháinig an stát úr chun cinn, cuireadh deireadh leis na gluaiseachtaí eile sin go minic:

> the superordination of the state form that puts an end to the processes of articulation and conjecture that maintain nationalism differentially as an element of broader, more complex, and often internally antagonistic social formations (Lloyd 1999, 33).

Ach ní imíonn na gluaiseachtaí seo i léig go hiomlán. Leanann siad orthu faoi thalamh. Cloíonn grúpaí beaga agus daoine aonaracha orthu ag treabhadh leo leis an mbunfhís, ag scaipeadh an scéil, ag creidiúint leo. Mar a mhíníonn Lloyd:

> They persist as distinct elements of the struggle or as recalcitrant tendencies for the state. But they do so, not as particles of the prehistory of nationalism awaiting absorption, but as active constituents of the modern, inflected just as is nationalism by recent history, though with different ends and correspondingly different narratives (Lloyd 1999, 28–33).

Is amhlaidh do Liam Ó Flaithearta agus do Phádraic Ó Conaire i gcás litríocht na Gaeilge. Is beirt údar iad a chreid sa sóisialachas agus a scaip an fhís sin ina saothair.

Ba dhúshlán é *Dorchadas* don Saorstát. Ba dhúshlán é d'íomhá na Gaeltachta agus de mhuintir na Gaeltachta a bhí ag teacht chun cinn i ndioscúrsa na linne. Nuair a fhiosraítear scéal *Dorchadas,* feictear snáithíní éagsúla ag teacht – snáithíní nach samhlaítear go minic le saol na Gaeilge ná le litríocht na Gaeilge toisc iad a bheith curtha faoi chois ag leagan áirithe údarásach den stair. I measc na snáithíní sin tá: an sóisialachas, an t-ainrialachas, an radacachas polaitíochta agus an nua-aoiseachas. Nochtann an dráma seo an ilghnéitheacht agus an éagsúlacht arbh ann dóibh ag an bpointe seo, tréithe a fhágtar ar lár go minic nuair a insítear an scéal ó dhearcadh a leagann an bhéim ar an náisiúnachas cultúrtha amháin nó go príomha. I ndeireadh na dála is scéal na teipe é scéal an dráma seo. Is scéal é faoi theip na n-údar téatar taistil a bhunú; is scéal é faoi theip na drámaíochta sóisialaí agus is scéal é faoi theip na litríochta nua-aoisí sa Saorstát óg. Mar sin féin, más féidir cead a cinn a thabhairt don tsamhlaíocht ar feadh nóiméid, cá bhfios cad a thitfeadh amach dá rachadh buíon aisteoirí ar camchuairt timpeall na Gaeltachta i dtúsbhlianta an tSaorstáit le drámaí Gaeilge scríofa le Liam Ó Flaitheartha agus le Pádraic Ó Conaire agus léirithe ag Gearóid Ó Lochlainn, ag Micheál Mac Liammóir agus ag Hilton Edwards? Cá bhfios cad a tharlódh nó cén toradh a bheadh air?

Liam Ó Flaithearta (1896–1984).

Rugadh Liam Ó Flaithearta do Mhicheál (Maidhc) Ó Flaithearta agus do Mhargaret (Maggie) Ganly i nGort na gCapall, Inis Mór, Cuan na Gaillimhe ar 28ú Lúnasa 1896. Dar le daonáireamh na bliana 1901, feirmeoir agus oibrí 56 bliain d'aois ab ea a athair, Michael Flaherty a raibh seisear páistí aige féin agus a bhean chéile Margaret (44 bliain) ag cur fúthu sa teach ag tús an chéid: Julia (16), Annie (12), Thomas (10), Bridget (7), Willie (4) agus Agnes (1). Ba Chaitlicigh iad ar fad agus bhí Béarla agus Gaeilge ag gach ball den líon tí.[1]

**CENSUS OF IRELAND, 1901.**

*(Two Examples of the mode of filling up this Table are given on the other side.)*

**FORM A.**

*No. on Form B.* 23

RETURN of the MEMBERS of this FAMILY and their VISITORS, BOARDERS, SERVANTS, &c., who slept or abode in this House on the night of SUNDAY, the 31st of MARCH, 1901.

| Number | NAME and SURNAME: Christian Name | NAME and SURNAME: Surname | RELATION to Head of Family | RELIGIOUS PROFESSION | EDUCATION | AGE: Years on last Birthday | AGE: Months for Infants under one Year | SEX | RANK, PROFESSION, OR OCCUPATION | MARRIAGE | WHERE BORN | IRISH LANGUAGE | If Deaf and Dumb; Dumb only; Blind; Imbecile or Idiot; or Lunatic |
|---|---|---|---|---|---|---|---|---|---|---|---|---|---|
| 1 | Michael | Flaherty | Head of Family | Roman Catholic | Read & Write | 56 | | M. | Farmer & Labourer | Married | County Galway | Irish & English | — |
| 2 | Margaret | Do | Wife | Roman Catholic | Read & Write | 44 | | F | | Married | Co Galway | Irish & English | — |
| 3 | Julia | Flaherty | Daughter | Roman Catholic | Read & Write | 16 | | F | Scholar | not Married | Co Galway | Irish & English | — |
| 4 | Annie | Flaherty | Daughter | Roman Catholic | Read & Write | 12 | | F | Scholar | not Married | Co Galway | Irish & English | — |
| 5 | Thomas | Flaherty | Son | Roman Catholic | Read & Write | 10 | | M | Scholar | not Married | Co Galway | Irish & English | — |
| 6 | Bridget | Flaherty | Daughter | Roman Catholic | Read & Write | 7 | | F | Scholar | not Married | Co Galway | Irish & English | — |
| 7 | Willie | Flaherty | Son | Roman Catholic | Read & Write | 4 | | M. | Scholar | not Married | Co Galway | Irish & English | — |
| 8 | Agnes | Flaherty | Daughter | Roman Catholic | Cannot read | 1 | | F | | not married | Co Galway | | — |

Daonáireamh na bliana 1901.

# CENSUS OF IRELAND, 1911.

*Two Examples of the mode of filling up this Table are given on the other side.*

**FORM A.**

No. on Form B. 14

RETURN of the MEMBERS of this FAMILY and their VISITORS, BOARDERS, SERVANTS, &c., who slept or abode in this House on the night of SUNDAY, the 2nd of APRIL, 1911.

| Number. | NAME AND SURNAME. | | RELATION to Head of Family. | RELIGIOUS PROFESSION. | EDUCATION. | AGE (last Birthday) and SEX. | | RANK, PROFESSION, OR OCCUPATION. | PARTICULARS AS TO MARRIAGE. | | | | WHERE BORN. | IRISH LANGUAGE. | If Deaf and Dumb; Dumb only; Blind; Imbecile or Idiot; or Lunatic. |
|---|---|---|---|---|---|---|---|---|---|---|---|---|---|---|---|
| | *No Persons* ABSENT *on the Night of Sunday, April 2nd, to be entered here;* EXCEPT *those (not enumerated elsewhere) who may be out at* WORK *or* TRAVELLING, *&c., during that Night, and who* RETURN HOME ON MONDAY, APRIL 3RD. *Subject to the above instruction,* the Name of the Head of the Family should be written first; then the names of his Wife, Children, and other Relatives; then those of Visitors, Boarders, Servants, &c. | | State whether "Head of Family," or "Wife," "Son," "Daughter," or other Relative; "Visitor," "Boarder," "Servant," &c. | State here the particular Religion, or Religious Denomination, to which each person belongs. [Members of Protestant Denominations are requested not to describe themselves by the vague term "Protestant," but to enter the name of the Particular Church, Denomination, or Body to which they belong.] | State here whether he or she can "Read and Write," can "Read" only, or "Cannot Read." | Insert Age opposite each name:—the Ages of Males in column 6, and the Ages of Females in column 7. For Infants under one year state the age in months, as "under 1 month," "1 month," "2 months," &c. | | State the particular Rank, Profession, Trade, or other Employment of each person. Children or young persons attending a School, or receiving regular instruction at home, should be returned as *Scholars*. [No entry should be made in the case of wives, daughters, or other female relatives solely engaged in domestic duties at home.] Before filling this column you are requested to read the instructions on the other side. | Whether "Married," "Widower," "Widow," or "Single." | State for each Married Woman entered on this Schedule the number of:— | | | If in Ireland, state in what County or City; if elsewhere, state the name of the Country. | Write the word "IRISH" in this column opposite the name of each person who speaks IRISH *only*, and the words "IRISH & ENGLISH" opposite the names of those who can speak both languages. In other cases no entry should be made in this column. | Write the respective infirmities opposite the name of the afflicted person. |
| | Christian Name. | Surname. | | | | Ages of Males. | Ages of Females. | | | Completed years the present Marriage has lasted. If less than one year, write "under one." | Children born alive to present Marriage. If no children born alive, write "None" in column 11. Total Children born alive. | Children still living. | | | |
| | 1. | 2. | 3. | 4. | 5. | 6. | 7. | 8. | 9. | 10. | 11. | 12. | 13. | 14. | 15. |
| 1 | Michael | Flaherty | Head of family | Roman Catholic | Read & write | 66 | | Farmer | Married | — | — | ~~two~~ | Co Galway | Irish & English | |
| 2 | Margaret | Flaherty | wife | Roman Catholic | Read & write | | 56 | — | Married | 39 | 14 | 11 | Co Galway | Irish & English | |
| 3 | Thomas | Flaherty | Son | Roman Catholic | Read & write | ^ | (20) | Farmers Son | Single | – | – | – | Co Galway | Irish & English | |
| 4 | Agnes | O'Flaherty | Daughter | Roman Catholic | Read & write | (12) | ^ | Scholar | Single | – | – | – | Co Galway | Irish & English | |
| 5 | | | | | | | | | | | | | | | |

Daonáireamh na bliana 1911.

Teach trí sheomra 'den dara grád' i dtéarmaí na linne sin a bhí acu mar bhaile. D'fhreastail Liam Ó Flaithearta/Willie Flaherty ar an mbunscoil áitiúil, áit a raibh an-tionchar ag an oide scoile – David O'Callaghan, air. B'as Luimneach do David O'Callaghan a mhúin ar an oileán ó 1885 go dtí 1911 go dtí gur bhris an tAthair Farragher as a phost é (McMahon 2008, 54–61). B'ann a músclaíodh suim Liam Uí Fhlaithearta sa Ghaeilge in ainneoin easpa spéise a athar féin sa teanga (O'Flaherty 1927, 348). Le tacaíocht ón Athair Ó Neachtain, sagart de chuid Ord an Spioraid Naomh a thaithíodh an t-oileán, cuireadh meánoideachas air ó 1908 i gColáiste Thobar na Carraige i gContae Thiobraid Árainn agus a mhuintir ag súil go rachadh sé le sagartóireacht 'to be trained for the conversion of African negroes to the Roman Catholic religion' (Mac an Iomaire 2001, 27). Tar éis dó titim amach le húdaráis na scoile ansin, d'aistrigh sé go Coláiste na Carraige Duibhe i mBaile Átha Cliath sa bhliain 1913 (Sheeran 1976, 56–64; Costello 1996, 21–3). Le linn dó a bheith ansin, scríobh sé chuig Eoin Mac Néill a thug cead dó grúpa d'Óglaigh na hÉireann a bhunú i measc na mac léinn sinsearach, gníomh nár thaitin le húdaráis na scoile ná leis na tuismitheoirí a thacaigh le páirtí John Redmond (Costello 1996, 23). Dhein sé staidéar ar feadh téarma amháin i gColáiste na Croise Naofa, Cluain Life, san ardchathair, agus tréimhse eile ag gabháil don léann clasaiceach i gColáiste na hOllscoile, Baile Átha Cliath, áit ar bhunaigh sé grúpa eile d'Óglaigh na hÉireann (Costello 1996, 25–6). Ag tabhairt a dhroma leis an tsagartóireacht, chláraigh William Flaherty mar shaighdiúir singil, uimhir chláraithe 10929, sa Gharda Éireannach (an tarna cathlán), Arm na Breataine faoin ainm bréige, Bill Ganly – Ganly ba shloinne do mhuintir a mháthar – ar Lá Fhéile Bríde 1916[2] agus an Chéad Chogadh Domhanda faoi lán seoil (BNA, Comhad WO/372/7).

| Name | Corps | Reg. No. | Rank | Date of Discharge | Cause of Discharge |
|---|---|---|---|---|---|
| Ganly. William | Irish Gds. | 10929. | Ple. | 7-5-18 Enlistment 1-2-16 | a 0 265/17 Para 2. b. 1. S. |

Date of application (a) Badge (b) Medal
No. of File ,, ,,

Address of applicant :—

Action taken List-I.G./92.

W6749—H5226 200,000 8/17 HWV(P932) H17/1831

Cárta Míleata Liam Uí Fhlaithearta.

Oileadh é go beo i ngairm fhuilteach na saighdiúireachta ag Caterham, in Surrey Shasana, agus seoladh a chathlán go láthair an chogaidh. Gortaíodh é de bharr suaitheadh catha le linn bombardaithe ag Langemarch mar chuid den tríú cath de chuid Ypres i Meán Fómhair 1917. Tar éis achar bliana faoi chúram dochtúra in Ospidéal Rí Seoirse (ar a dtugtar Ospidéal Naomh Bricín anois), Bóthar na hOtharlainne i mBaile Átha Cliath, scaoileadh Bill Ganly as an arm ar 7ú Bealtaine 1918. D'fhág an eachtra rian buan air le linn a shaoil, áfach, agus ba mhinic tréimhsí den lionn dubh ag cur as dó le linn a shaoil ina dhiaidh sin.

Cath Ypres.

Póstaer Earcaíochta.

Póstaer Earcaíochta.

Tuigtear, tar éis an Chogaidh Mhóir, gur thaistil Liam Ó Flaithearta ar feadh cúpla bliain agus ceaptar gur thug sé cuairt ar thíortha éagsúla i Meiriceá Theas agus sna Stáit Aontaithe, áit ar chuir sé spéis sa chumannachas, sa sóisialachas agus i ngrúpaí agus i ngluaiseachtaí dá gcuid – go háirithe, Oibrithe Idirnáisiúnta an Domhain/The Industrial Workers of the World. D'fhill sé ar Éirinn i Nollaig na bliana 1921. Nuair a fógraíodh Saorstát Éireann (7ú Nollaig), ghabh an Flaitheartach – mar chathaoirleach ar 'Choiste na nDífhostaithe' – agus scata fear dífhostaithe seilbh ar Cheoláras an Rotunda agus ar Sheomra na bPiléar (Amharclann an Gheata anois) Bhaile Átha Cliath ar 18ú Eanáir 1922.[3]

An Rotunda agus Amharclann an Gheata.

Chrochadar an brat dearg agus d'eisíodar forógra ag éileamh Poblacht Oibrithe. Cuireadh tús leis an eachtra ar an gCéadaoin ach faoin Satharn dár gcionn ba léir nach raibh dea-thoil an phobail ag na fir ná ag a gcúis. Scaip na háititheoirí agus thug an Flaitheartach a chosa leis ó dheas go Corcaigh. D'fhill sé arís ar an ardchathair i Meitheamh na bliana sin agus thaobhaigh leis na Poblachtánaigh i gCathair Bhaile Átha Cliath mar chuid de Chogadh na gCarad (Cottrell 2008, 35–

59). Bhí sé i láthair (Fox 1943, 236) in Óstlann Vaughan (Cearnóg Pharnell) nuair a ghabh na Poblachtánaigh na Ceithre Cúirteanna agus roinnt óstlann i lár na cathrach: Óstlann Vaughan (Cearnóg Pharnell), Óstlann Moran agus Folc Turcach Hammam (Sráid Uí Chonaill) mar chuid de Chogadh Bhaile Átha Cliath (28ú Meitheamh – 5ú Iúil 1922).

Óstlann Vaughan.

Scaip ráfla gur cailleadh an Flaitheartach ar 3ú Iúil ar Shráid Chapel ach ní raibh ann ach bréag. Agus é fós beo, chonaic sé ionsaí an tSaorstáit ar na hóstlanna ar Shráid Uí Chonaill. Thréig sé an ardchathair ar 9ú Iúil agus thug a aghaidh ar Learpholl Shasana.

Foilsíodh an chéad ghearrscéal le William O'Flaherty, 'The Sniper' in *The New Leader* ar 12ú Eanáir 1923 agus bhí a chéad úrscéal *Thy Neighbour's Wife* (Cape) i gcló roimh dheireadh na bliana sin.

*Thy Neighbour's Wife*, 1923.

D'fhill sé ar Éirinn i dtús an Mhárta 1924 agus tar éis tamaill i mBaile Átha Cliath chuir sé faoi i gCill Mhantáin. Foilsíodh *Spring Sowing* (Cape) agus *The Black Soul* (Cape) níos déanaí sa bhliain sin. I dteannta Francis Stuart, bhunaigh sé 'The Radical Club' ina raibh Cecil Salkeld, Austin Clarke, F. R. Higgins, Brinsley MacNamara, agus scríbhneoirí eile. D'fhoilsigh Ó Flaithearta alt in *To-Morrow* sular cuireadh faoi chois é. Thug Eoin Ua Mathghamhna faoi mar 'scríbhneoir gáirsiúil' san iris Íosánach, *The Irish Monthly* i mí na Samhna 1924. An bhliain sin – agus é i mbarr a réime mar scríbhneoir Béarla – d'iompaigh Ó Flaithearta ar a theanga dhúchais mar mheán liteartha agus thosaigh ag foilsiú i nGaeilge.[4] Idir Bealtaine 1924 agus Meán Fómhair 1925 d'fhoilsigh sé dán amháin agus seacht ngearrscéal in irisí ar nós *Dublin Magazine* agus *Fáinne an Lae*. Foilsíodh *The Informer* (Cape) sa bhliain 1925 – leabhar a ndéanfadh a fhear gaoil John Ford scannán mór-ráchairte de sa bhliain 1935 – agus bhain an leabhar céanna an James Tait Black Memorial Prize amach sa bhliain chéanna.

I rith na bliana seo, 1925, is ea a scríobhadh an dráma *Dorchadas*.[5] Stáitsíodh an dráma *Dorchadas* as

Gaeilge in Amharclann na Mainistreach i mBaile Átha Cliath i mí an Mhárta 1926 agus léadh as Béarla é, ar mhaithe le cóipcheart, i Londain Shasana ar 27ú Aibreán 1926.

Spreag léaráidí Harry Clarke an Flaitheartach chun *Mr. Gilhooley* (Cape) a chumadh agus foilsíodh é sin sa bhliain 1926. Foilsíodh *The Life of Tim Healy* (Cape) agus *The Fairy-Goose and Two Other Stories* (Faber & Gwyer) an bhliain dár gcionn. Ainmníodh *Mr Gilhooley* mar leabhar na bliana 1925–1926 don duais Femina-Vie Heureuse agus dar le Costello '[it] was as well-known, even as notorious, as Joyce's *Ulysses*. The text caused concern at his publishers, and later editions were expurgated' (Costello 1996, 58). Foilsíodh *The Assassin* (Cape) sa bhliain 1928. Níor mhair an caidreamh le Margaret Barrington, mar a mhíneofar ar ball, agus bronnadh colscaradh orthu i Meán Fómhair 1932, an bhliain chéanna ar foilsíodh an t-úrscéal *Skerrett* (Victor Gollancz). Bhailigh an Flaitheartach leis as Éirinn arís agus chuir faoi in árasán sa Strand i gcathair Londan (Elborn 1990, 89) agus d'fhoilsigh sé a bheathaisnéis *Shame the Devil* (Grayson & Grayson) sa bhliain 1934.

B'shin an bhliain ar casadh a pháirtí saoil Kitty Harding Tailer air. Cuireadh *Famine* (Victor Gollancz) agus *The Short Stories of Liam O'Flaherty* (Cape) ar fáil sa bhliain 1937 agus chuir an Flaitheartach faoi i Meiriceá in 1940 i dteannta Tailer. D'fhill sé ar Éirinn, i dteannta Tailer, uair amháin eile sa bhliain 1952 agus chuireadar fúthu in árasán uimhir 9, Árasáin na Cúirte, Plás Wilton, gar don Chanáil Mhór agus do Shráid Bhagóid Íochtarach san ardchathair. B'ansin a chónaíodh sé le linn dó a bheith in Éirinn as sin amach. Faoi thionchar Eoghain Uí Anluain[6] agus Bhreandáin Uí Eithir, mac a dheirféar Delia 'the only other person on earth that understands me' (Kelly 1996, 33–4) agus nia leis féin, d'fhill an Flaitheartach ar an nGaeilge mar mheán scríofa agus d'fhoilsigh *Dúil* in 1953, agus tuairiscíodh go raibh úrscéal Gaeilge idir lámha aige dar theideal *Corp agus Anam*. Cailleadh Liam Ó Flaithearta ar 7ú Meán Fómhair 1984 i mBaile Átha Cliath. Tar éis sochraide Caitlicí, cuireadh a luaithreach créamtha i nGlas Naíon.[7]

Scríobhadh agus stáitíodh *Dorchadas* ag tréimhse fhíorchinniúnach fhíorchorraitheach i saol pearsanta Liam Uí Fhlaithearta. Ba thréimhse í ina raibh caidreamh aige le bean phósta, tréimhse inar pósadh é, inar saolaíodh leanbh dó agus inar cáineadh go dian go poiblí é as bean cholscartha a phósadh.

D'fhill an Flaitheartach ar Bhaile Átha Cliath i mí an Mhárta sa bhlian 1924 agus chuir sé faoi ag uimhir 12, an Cuarbhóthar Theas, an Chluain Álainn. B'shin an mhí a d'fhreastail sé ar chóisir i dteach George Russell, áit ar casadh Edmund Curtis air, ollamh le stair i gColáiste na Tríonóide, agus a bhean chéile, Margaret Barrington – 'a very pretty young woman, fifteen years younger than the professor' (Kelly 1996, 73). Níos déanaí an mhí sin thug an Flaitheartach le fios do Garnett:

> The lady who is unfortunate enough to have conceived an affection for me here is also married and lives with her husband very dutifully. She belongs to an old Norman family, dark haired, shrewd, very cultivated and very passionate in a cold, feline kind of way. She is one of the most sought after beauties in Dublin, but she does not enthuse me, at least not very much. But she is good copy. At the moment her husband is away in England attending some affair or other, and tomorrow the two of us are going to tramp out into the country (Kelly 1996, 79).

Nuair a thug Garnett breithiúnas cáinteach ar scéal de chuid Barrington a sheol an Flaitheartach chuige, d'fhreagair an Flaitheartach é ag insint dó: 'She herself is very interesting too, though a trifle conceited and parochial on account of her environment ...' (Kelly

1996, 83). Faoin 3ú Aibreán 1924, bhí sé ag maíomh: 'And I have secured the wife of Professor Curtis, which is, of course, the most important conquest!' (Kelly 1996, 81). Chaith sé tréimhse in Árainn i mí Aibreáin áit a raibh a athair ag saothrú an bháis agus ag dul ó mheabhair, ach ba é Aldbury, Tring, Hertfordshire, ó thuaidh ó Londain, an seoladh poist a bhí aige agus ag Margaret Barrington i Meitheamh agus Iúil. Faoi dheireadh mhí Iúil thug an Flaitheartach le fios do Garnett go raibh Baile Átha Cliath: 'agog with story of our elopement'. (Kelly 1996, 98). Tar éis dóibh seal a chaitheamh in Dorset agus i Londain, chuireadar fúthu in Sunny Bank Cottage, Great Milton, Oxfordshire, cúpla míle soir ón mbaile ollscoile i nDeireadh Fómhair. Le linn dóibh a bheith ag cur fúthu i Londain, bhuaileadar le hEdmund Curtis a dhein iarracht a bhean chéile a mhealladh ar ais:

Edward Garnett (1868–1937).

> He wanted her to go back to him and hummed and hawed about the impossibility of getting a divorce but I believe he will do so when he sees us back in Dublin next Spring. I told him we were going to come back there and he was astounded that I should have such a lack of feeling for him. Finally I got him to agree to a divorce should Margaret still wish to live with me after another six months. So there the matter stands. He's rather a decent man, though frightfully nervous and conscious of his own importance[8] (Kelly 1996, 104–5).

Faoi thús Eanáir 1925, bhí Liam Ó Flaithearta ar ais i mBaile Átha Cliath agus ag cur faoi ag uimhir 16, Sráid an Mhóta Uachtarach, Baile Átha Cliath. Ag deireadh na míosa sin, d'aistrigh sé go Bré Chulainn agus i mí Feabhra bhí an lánúin ar bís chun bogadh isteach i dteach i nGleann Cré cé gur chaitheadar tréimhse sa Bhaile Bán roimh ré.

Chuir an Flaitheartach féin síos ar chúlra an dráma i litir a foilsíodh san *Irish Statesman*. I dteannta Phádraic Uí Chonaire – mórscríbhneoir Gaeilge na linne – ar chuir sé síos air do Garnett mar 'a good man and his countrymen are treating him very badly' (Kelly 1996, 123), bheartaigh sé tabhairt faoin drámaíocht mar:

> ... the best means of starting a new literature in Irish. I became fearfully enthusiastic. The two of us went to Dublin and entered a hall where some fellows were holding a Gaeltacht Commission. We put our scheme before them for a travelling theatre and so on. I guaranteed to write ten plays. They thought we were mad and, indeed, they took little interest in us. In fact, I could see by their looks and their conversation that they considered us immoral persons[9] (*Irish Statesman* 1927, 348).

Cé gur thaispeáin a dheirfiúr an Conaireach dó le linn Oireachtas na bliana 1913 sa Ghaillimh, dealraíonn sé nár casadh an bheirt acu ar a chéile go dtí gur scríobh an Conaireach chuig F. R. Higgins ag moladh an ghearrscéil 'Bás na Bó' a foilsíodh in *Fáinne an Lae*. Ba é Higgins, de réir dealraimh, a chuir in aithne dá chéile iad.[10] Ní hamháin go raibh úrscéal, gearrscéalta agus aistí foilsithe ag Pádraic Ó Conaire, bhí cáil air mar dhrámadóir.[11] Bhunaigh Cumann na nGaedheal Coimisiún na Gaeltachta sa bhliain 1925:

> to inquire and report to the Executive Council [rialtas] as to the percentage of Irish Speakers in a district which would warrant its being regarded as (a) an Irish speaking district or (b) a partly Irish speaking district, and the present extent and location of such districts [and] to inquire and make recommendation as to the use of Irish in the administration of such districts, the educational facilities therein, and any steps that should be taken to improve the economic condition of the inhabitants (*Coimisiún na Gaeltachta* 1926, 1; Walsh 2002, 9–22; Ó Torna 2005, 14–5, 94).

Níor chuir an easpa spéise seo aon lagmhisneach ar Liam Ó Flaithearta. Cheap agus chum sé *Dorchadas* agus thug an téacs do Ghearóid Ó Lochlainn[12] – buachaill bán dhrámaíocht na Gaeilge um an dtaca sin agus é tagtha abhaile ón Danmhairg agus é ceaptha mar léiritheoir leis an gComhar Drámaíochta, grúpa drámaíochta maoinithe ag an Stát a bhí lonnaithe san ardchathair. Scríobh an Flaitheartach chuig Garnett i mí Iúil, 1925 ag gealladh go n-aistreodh sé an téacs go Béarla agus go gcuirfeadh sé ar aghaidh chuige é lena léamh chomh luath agus a gheobhadh sé an téacs ar ais, cé go raibh amhras air go mbeadh an-éileamh air i measc na gceannaitheoirí leabhar:

> I didn't hear about that play yet. As soon as I get hold of the manuscript again I'm going to rattle it off in English and send it to you. It's fine stuff I think, but as a play I am doubtful. Poetic plays hardly ever sell well. Even Synge's *Deirdre*, which is the most beautiful thing he wrote, acts badly (Kelly 1996, 124).

I litir eile chuig Garnett an tseachtain dár gcionn, luaigh sé go raibh colscaradh Curtis i gcoinne Curtis agus an Fhlaitheartaigh sna nuachtáin – rud nár chabhraigh lena cháil ná lena sheasamh le grúpaí áirithe – agus bheartaigh sé an dráma a aistriú go Béarla:

> That piece I was telling you about was an Irish play. I finished it but I have no time to translate it into English, as I am throwing it to the wolves, i.e. the Irish Drama League. Let them produce it if they like. If not, I'll translate it. It's not a good play in the ordinary sense, but it's a good piece of writing and I fancy you would like it (Kelly 1996, 124).

Ag an am sin, áfach, tháinig iarratas chuige ó Esther Archer (a.k.a. Charles/Karl Lahr) ag iarraidh air scéal a sholáthar don chéad eagrán den iris nua, *The New Coterie*.

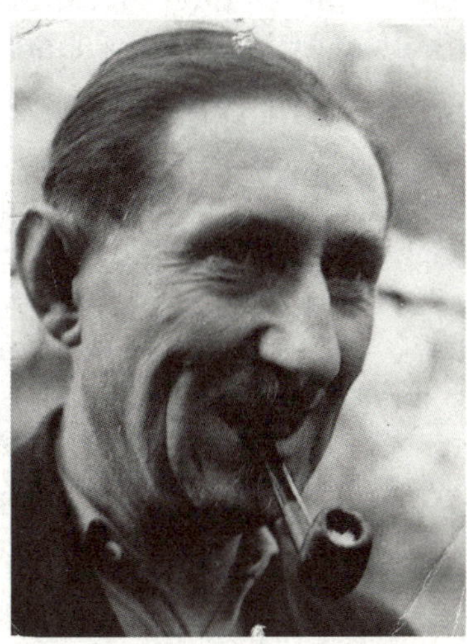

Charles Lahr (1885–1971) (le caoinchead Sheila Lahr).

Rugadh Karl Lahr (1885–1971) in Wendlesheim na Gearmáine. Agus é ina dhéagóir chuaigh sé le Búdachas ar dtús agus ansin le hainrialachas mar chreideamh. Thréig sé an Ghearmáin ar mhaithe le Londain in 1905 chun coinscríobh san arm a sheachaint. Le linn dó a bheith ag obair mar bháicéir sa chathair sin chuir sé spéis sa pholaitíocht. Ba é Charlie Lahr seachas Karl Lahr anois é i saol an Bhéarla. Thosaigh sé ag taithí clubanna ainrialachais agus bhain sé ballraíocht amach in Oibrithe Idirnáisiúnta an Domhain, eagraíocht a raibh spéis ag an bhFlaitheartach féin inti leis. Níorbh fhada gur thosaigh póilíní na cathrach ag faire air agus ar na daoine ar lig sé seomraí ina theach i gceantar King's Cross ar cíos leo. Gabhadh agus imtheorannaíodh é i bPálás Alexandria, Londain, idir na blianta 1915–19 i dteannta tuairim is trí mhíle saoránach Gearmánach agus Ostarach eile. Lean sé air ag obair d'Oibrithe Idirnáisiúnta an Domhain nuair a saoradh é tar éis an Chogaidh Mhóir, agus ba sa chumann sin a casadh Esther Argeband/Archer air, an bhean a phósfadh sé in 1922.

Chuadar beirt isteach i bPáirtí na gCumannach in 1920 ach d'fhágadar tar éis bliana.[13] Ceaptar gur ag an am seo a casadh an Flaitheartach orthu beirt (Fox 1938, 180–8; Goodway 1977, 47–55). Sa bhliain 1921 phós Lahr agus Esther Archer agus ghlacadar freagracht as an Progressive Bookshop ag uimhir 68 Red Lion Square, Holborn, Londain. Níorbh fhada go raibh údair, scríbhneoirí agus cúiseoirí polaitiúla ag triall ar an siopa a raibh cáil air as irisí agus foilseacháin radacacha.

Esther Argeband/Archer (1898–1970) (le caoinchead Sheila Lahr).

Charles Lahr lasmuigh den Progressive Bookshop, 68 Red Lion Square, Holborn. Tá fógra don *New Coterie* i mbéal an dorais (le caoinchead Sheila Lahr).

Mhol K. S. Bhat[14] go dtabharfaí cúram na hirise *The New Coterie – A Quarterly Magazine of Art and Literature* don lánúin óg. Bunaíodh *The New Coterie* sa bhliain 1925 mar ráitheachán, ceithre bliana tar éis dá réamhtheachtaí, *The Coterie,* teacht chun deiridh, ach ba bheag eatarthu ó thaobh dearcaidh nó meoin de. Díríodh ar léitheoirí ar theastaigh uathu a bheith cothrom-le-dáta agus ar an eolas faoi chúrsaí léinn agus ealaíne. Eisíodh sé eagrán idir Samhain 1925 agus Samhradh 1927 agus i measc na n-údar a raibh ábhar leo san iris bhí maithe agus móruaisle na litríochta: D. H. Lawrence, H. E. Bates, Rhys Davies, Liam O'Flaherty, Aldous Huxley, T. F. Powys, Louis Golding, Geoffrey West, Faith Compton Mackenzie, Michael Joseph agus Jean Devanny. Ó 1925 amach, faoi shloinne a mhná céile – Esther Archer nó E. Archer, bhí an lánúin ag foilsiú ábhair, go háirithe aistí agus gearrscéalta a foilsíodh roimhe sin san iris féin, mar leabhráin neamhspleácha. B'éigean leas a bhaint as sloinne a mhná seachas a shloinne féin chun éalú ón meon fríth-Ghearmánach a bhí coitianta i Sasana tar éis an chogaidh.[15]

Glacadh agus foilsíodh 'Civil War', gearrscéal de chuid an Fhlaitheartaigh in *The New Coterie* agus go gairid ina dhiaidh sin, chuir Archer moladh faoi bhráid an Fhlaitheartaigh go bhfoilseofaí céad cóip shínithe den ghearrscéal sin mar théacs ann féin (Kelly 1996, 129 agus 135). Is cinnte go bhfáilteodh an Flaitheartach roimh thairiscint ar bith chun airgead a thuilleamh mar bhí sé ar an ngannchuid agus in ísle brí i mí Eanáir 1925 mar a mhínigh sé i litir chuig Garnett ó 16 Sráid an Mhóta Uachtarach:

> I am in a very low condition here and absolutely friendless – everybody has turned against me. I have no money. Would you ask Cape to purchase the copyrights of my four books for whatever he can give (Kelly 1996, 111)

*Portráid d'Esther* Esther Argeband/Archer (1898–1970) de chuid William Roberts (le caoinchead an William Roberts Society).

agus arís ag deireadh na míosa céanna:

> I find myself snowed under with debt, with a shattered constitution and as many friends as a bailiff in the west of Ireland ... I have appealed to my sister for funds. If she fails me I am damned (Kelly 1996, 111).[16]

Níorbh é seo an chéad uair aige a bheith ag déanamh imní faoi airgead. Ar 14ú Márta 1924 casadh Seumas O'Sullivan air, eagarthóir *The Dublin Magazine,* agus é breá sásta saothar leis an bhFlaitheartach a fhoilsiú san iris:

> but the blighter has no money and he can only pay about a guinea a thousand. I could sell everything I will write for the next two years in Dublin within twenty four hours, but all I would get would be a guinea a thousand. They pay for politics in this country but they refuse to pay for literature, unless it is political literature (Kelly 1996, 76).

Ar 25ú Samhain, 1925, thug an Flaitheartach le fios dá chara Garnett go raibh sé ag aistriú an dráma *Dorchadas* go Béarla agus go raibh Ó Lochlainn an-tógtha leis. Bhí beartaithe aige an t-aistriúchán a chur chuig gníomhaire liteartha i Londain:

> I am now translating my play into English. They are very excited about it in Dublin, the Gaelic crowd. O'Loughlin, who is going to produce it, is exceptionally enthusiastic. I am sending the English version to an agent in London. I wonder would you care to see it? (Kelly 1996, 136).

Ag tús mhí Feabhra 1926, scríobh an Flaitheartach chuig Archer, ó uimhir 5, Sráid Líosain Uachtarach, á chur ar an eolas go mbeadh sé ar cuairt i Londain roimh i bhfad agus go raibh dráma aige i mBéarla. D'fhiafraigh sé d'Archer ar spéis leis a dhráma don chéad eagrán eile den *New Coterie* agus é a fhoilsiú mar leabhrán ina dhiaidh sin:

> Dear Comrade ... I am eagerly looking forward to my visit to London. I have a short play which I will bring to show you. You might like to use it for the next number of *New Coterie,* and then issue it as a booklet. It would go very well. It's the best thing I have done. It's the only way to escape the public and make the bourgeoisie pay (Kelly 1996, 140–1).

Ar 20ú Márta 1926, tar éis léiriú an Chomhair Dhrámaíochta in Amharclann na Mainistreach, sheol Ó Flaithearta téacs Béarla an dráma chuig Archer tríd an bpost agus d'iarr sé air an dráma, nó fiú an chéad ghníomh a léiriú, chun cearta an údair a chosaint agus thug le fios go raibh sé sásta go ndéanfadh an t-ealaíontóir William Roberts pictiúr de:

> Dear Comrade ... I am sending the play *Darkness* under separate cover. Thanks for the copies of 'The Terrorist', you may use the play under those terms but if possible try and get it acted before printing it, so that I would not lose the dramatic rights. One act read in a drawing room would be sufficient I believe. Not that I expect it will ever be acted, but it's better to make sure, and it was a big stage success here in Irish. I am sure the drawing is all right, and it's very nice of Mr. Roberts to want to paint me (Kelly 1996, 144–5).

Ar 21ú Aibreán 1926 scríobh an Flaitheartach chuig Archer ag cur dhá dhosaen cóip dá phictiúr sínithe chuige agus thug le fios go raibh sé sásta go mbeadh a phictiúr mar thulmhaisiú. D'fhógair sé go raibh sé sásta leis an bpictiúr agus go raibh a iníon, Pegeen, díreach beirthe:

> Dear Lahr, Enclosed you will find two dozen copies of drawings signed by me. Glad you are printing *Darkness* in the *New Coterie*, and I am sure I'll be delighted to have you put the drawing as a frontispiece. I like it very much and so do my friends. I think it is frightfully good (Kelly 1996, 147).

Foilsíodh *Darkness: A Tragedy in Three Acts* in *The New Coterie*, Uimhir 3 (Samhradh, 1926), 42–68 le portráid Roberts agus ba é E. Archer (Charles Lahr) mar sin, a bhí lonnaithe ag 68 Sráid Red Lion, Londain, a d'fhoilsigh 112 chóip de dhráma Liam Uí Fhlaithearta i mBéarla i mí na Bealtaine 1926: dhá chóip déag le riachtanas an chóipchirt a shásamh agus céad cóip – uimhrithe agus sínithe ag an bhFlaitheartach – le díol.[17]

An t-eagrán Meiriceánach de *A Cure for Unemployment.*

*The Coterie* (Nollaig, 1919).

*The New Coterie* (Samhradh, 1926) inar foilsíodh *Darkness*.
Ba é William Roberts a dhear clúdach na hirise.

William Roberts (1895–1980).

Mar a iarradh air, dhein Lahr cinnte de gur léadh an dráma, nó cuid de, chun cearta an drámadóra a chosaint. Léiríodh an leagan Béarla den dráma i stiúideo William Roberts ar 27ú Aibreán 1926. I measc na n-aisteoirí bhí na daoine seo a leanas: R. Dornan[18] (Mary); K. S. Bhat (Daniel) Mrs. Roberts[19] (Bridget); Marthe Goldberg (Margaret); Rhys Davies[20] (Brian).

Rhys Davies (1901–1978).

Thagair an Flaitheartach don phictiúr de féin a bhí mar thulmhaisiú ar an leabhar.[21]

Ba é William Roberts an t-ealaíontóir, fear céile Sarah Krammer Roberts (1900–1992) a ghlac páirt Bhrighide sa dráma.

*The Red Turban (Sarah Roberts, 1921)* le William Roberts (le caoinchead an William Roberts Society).

Ba leo an t-árasán/stiúideo inar léadh an dráma Béarla. Ealaíontóir ab ea Roberts a raibh cáil ar a chuid pictiúr mar go rabhadar:

> … immediately recognizable – urban in subject matter, sly and sardonic in observation, his tubular, inflated or exaggeratedly angular figures peopling a world of heraldic colour and rigid geometry. Alert to fads, fashions, topical allusions and social changes, his figures remain constant in the unflinching membership of the human race (Shone 1992, 394).

Chuir sé ábhar ar fáil do go leor d'fhoilseacháin Lahr in imeacht na mblianta.[22]

Saolaíodh Roberts in Hackney Shasana ar 5ú Meitheamh 1895. D'fhág sé an scoil in aois a cheithre bliana déag agus d'oibrigh mar phrintíseach do chomhlacht clódóirí de chuid Sir John Cawston. D'fhreastail sé ar ranganna oíche ag Scoil Ealaíne Naomh Máirtín agus bhain scoláireacht trí bliana amach in 1910 go dtí an Slade, áit ar tháinig sé faoi thionchar dhá thaispeántas iarimpriseanacha de chuid Roger Fry sna blianta 1910 agus 1912. Bhí an-tionchar leis ag taispeántas na dTodhchaíoch Iodálach ag Dámhlann Sackville air sa bhliain 1912. D'oibrigh sé seal i gceardlann Omeaga de chuid Fry sular thaobhaigh sé le hIonad na hEalaíne Réabhlóidí. Dá thoradh sin, bhí sé i measc na ndaoine a shínigh an manifesto *Vorticist* in *Blast 1* de chuid Wyndham Lewis. Ba ghunnadóir sa Chéad Chogadh Domhanda é a throid sa Fhrainc. Tar éis an Chogaidh, phós sé Sarah Krammer i 1922 agus mhúineadh sé cúrsa lá amháin sa tseachtain sa Scoil Lárnach Ealaíne ó 1925–60, seachas seal amháin nuair a mhúin sé in Oxford. Bhíodh taispeántais rialta aige san Acadamh Ríoga agus ceapadh ina bhall é sa bhliain 1966. (*Daily Telegraph* 31 Eanáir 1980).

Amharclann na Mainistreach.

Le fás na Nua Chritice, agus a hollbhéim ar an téacs, deineadh imeallú ar thábhacht an léirithe. Ní haon ionadh sin mar nuair a bhailíonn an slua leo abhaile, nuair a mhúchtar soilse an téatair agus nuair a chuirtear glas ar na doirse, níl fágtha againn ach an script. Ní bhíonn an dara rogha ag scoláirí ach díriú isteach ar an téacs: níl acu ach é mar iarsma mar a deir Shepherd-Barr 'the essential ephemerality of the theatre drives historians to cling to textuality, leaving an enormous gap in the story of modernist theatre' (Shepherd-Barr 2010, 124). Déantar iarracht anseo aghaidh a thabhairt ar an ngné seo trí na léirmheasanna comhaimseartha, nótaí faoin gceol, faoi threoir stáitse, faoin bhfuaim agus faoin solas a sholáthar. Mar sin féin, admhaítear nach bhfuil anseo ach sop in áit na scuaibe. Ach b'fhéidir go bhfuil fiúntas éigin mar sin féin leis, mar a deir Shepherd-Barr 'because it emphasizes process and evidence over final knowable, text-based product' (Shepherd-Barr 2010, 136). I mblianta luatha an tSaorstáit bhí an-bhorradh faoi dhrámaíocht na Gaeilge, go háirithe san ardchathair. An nós an Ghúim, bunaíodh an Comhar Drámaíochta chun an cultúr Gaelach a chur chun cinn.[23] Más é foilsiú téacsleabhar agus ficsin i mbun-Ghaeilge nó aistrithe ó theangacha eile an cúram a leagadh ar an nGúm, léirithe drámaíochta san ardchathair, bundrámaí Gaeilge nó aistriúcháin, an cúram a leagadh ar an gComhar Drámaíochta. Más gníomh aonarach príobháideach ciúin é an léitheoireacht, is grúpaghníomhaíocht phoiblí, infheicthe, uirbeach í an drámaíocht. Chruthaigh an drámaíocht próifíl phoiblí le lorg fuaimiúil agus fuaim-mhais, i dtéarmaí Uí Thuathaigh (2008, 26–48), don Ghaeilge san ardchathair i ndioscúrsa cultúrtha a raibh ardmheas ag an bpobal Éireannach agus idirnáisiúnta air, an drámaíocht. Sa bhliain 1924 bhronn an tAire Airgeadais Earnán de Blaghd deontas ar an gComhar Drámaíochta, a bunaíodh sa bhliain 1923, chun drámaí, idir bhundrámaí Gaeilge agus aistriúcháin Ghaeilge, a léiriú.

I dteannta leis an maoiniú seo, tugadh misniú mór do chúrsaí drámaíochta le filleadh Ghearóid Uí Lochlainn:

> aisteoir proifisiúnta oilte a raibh an Ghaeilge aige, a bhí ag obair sa Danmhairg – mar ar dhein sé obair bholscaireachta le haghaidh Dháil Éireann – is a tháinig abhaile nuair a fógraíodh an Sos Cogaidh i mí Iúil 1921 (Ó Siadhail 1993, 58).

I measc na ndaoine a bhí rannpháirteach i ndrámaíocht Ghaeilge na linne, mar údar agus mar aisteoir, bhí León Ó Broin:

> a highly cultured and deeply conservative man … who served as editor of *Maria Legionis*, the organ of Frank Duff's Legion of Mary, but also [as] a man interested in encouraging dialogue among religious, cultural and political groups … (Savage 2010, 8).

Earnán de Blaghd (1889–1975).

Mhínigh sé ina bheathaisnéis *Just Like Yesterday* gur thug an drámaíocht deis do dhaoine, go háirithe státseirbhísigh, páirt a ghlacadh i saol na Gaeilge gan a bheith páirteach i bpolaitíocht chonspóideach na gluaiseachta. Bhí an ghné sin tábhachtach go háirithe anois agus Conradh na Gaeilge, agus *Fáinne an Lae* – faoi stiúir Uí Ghrianna – ag ionsaí an rialtais agus pholasaí an rialtais (O'Leary 2004, 23–89; Mac Congáil 2003, iv–xix).

> I was by now inclined to dissociate myself from the Gaelic League, which was just as well perhaps as the Department of Education and its officials had become cock-shots in the League's paper. I was tiring of the political atmosphere of the Executive Committee of which I had been elected a member and was giving more of my time to the production of plays in Irish by a Gaelic Drama League of which I was secretary ... (Ó Broin g.d., 69).

Bunaíodh an Comhar Drámaíochta, a raibh oifig acu ag uimhir 122A Faiche Stiabhna, le drámaí – idir bhundrámaí agus aistriúcháin – a léiriú i mBaile Átha Cliath dhá oíche as a chéile gach mí idir Deireadh Fómhair agus Aibreán le nóinléiriú Domhnaigh dá mb'fhéidir é. (O'Leary 2004, 465). Do shéasúr na bliana 1925–1926 léiríodar 37 dráma, 16 bundráma as ar foilsíodh 4 cinn (Ó Súilleabháin 1972, 3).[24] Bhí ciall le drámaí a stáitsiú i lár na cathrach a mheallfadh lucht féachana ina mbeadh cainteoirí dúchais, foghlaimeoirí, dílseoirí agus daoine a raibh dea-thoil acu don teanga. Ach níorbh fhéidir éalú ón aighneas a ghin Cogadh na gCarad ná an pholaitíocht a lean. Cé nach raibh aon nasc díreach idir bunaitheoirí an Chomhair agus Cogadh na gCarad, chonacthas do go leor leor daoine, poblachtánaigh ach go háirithe, gur chiallaigh ról Phiarais Béaslaí, cinsire míleata an Rialtais Shealadaigh i rith an Chogaidh, agus ról León Uí Bhroin, iaroifigeach airm, go raibh meon agus dearcadh áirithe ag cuisliú tríd an gComhar.

> De réir dealraimh, chonacthas do roinnt mhaith Gaeilgeoirí, na Poblachtaigh, gur bhunaigh daoine a bhí fabhrach don Saorstát an Comhar nuair a chonaic siad Béaslaí is Ó Broin ann, is dá dheasca sin, níor ghlac siad páirt in imeachtaí an Chomhair … is dealraitheach gur creideadh gur lucht tacaíochta de chuid an tSaorstáit ba mhó a bhí le fáil ann (Ó Siadhail 1993, 60–1).

'Taking the Oath' le William Roberts (1920) (le caoinchead an William Roberts Society).

Piaras Béaslaí (1881–1965).

Ní raibh aon ghanntanas drámaí i mBéarla ná i nGaeilge ar mhuintir na hardchathrach ag tús mhí an Mhárta 1926. Ar éigean go raibh deis ag an bpobal teacht chucu féin tar éis an rírá agus an chlampair a bhain le dráma Sheáin Uí Chathasaigh – *The Plough and the Stars* a stáitsíodh in Amharclann na Mainistreach ar 8ú Feabhra agus a spreag círéib sa téatar – nuair a bhí fáil ar *Professor Tim*, dráma grinn trí ghníomh le George Shiels ó 2ú – 6ú Márta in Amharclann na Mainistreach, (*Irish Independent* 3ú Márta 1926, 8). Ina dhiaidh sin bhí rogha de thrí dhráma gach oíche idir 8ú – 13ú Márta: *In the Zone* leis an drámadóir Gael-Mheiriceánach Eugene O'Neill, *Deirdre* le W. B. Yeats nó *Damer's Gold* leis an mBantiarna Gregory. Ní hamháin sin, ach bhí trí dhráma eile ar fáil leis ar 7ú Márta:

> Under the auspices of Cumann na mBan, the Republican Players will present three plays at the Abbey Theatre this (Sunday) evening. One of them *Lustre*, is by the late Seamus O'Kelly, now produced in Dublin for the first time. *Meadowsweet*, by the same author, has already proved popular with Dublin audiences, and *Lustre*

promises to be equally successful. The other works in the programme are *The Lad from Largymore*, by Seamus MacManus; and *Éilís agus an Bhean Deirce*,[25] by Cú Uladh. Musical selections by the Clann Lir orchestra will be given during the intervals (*Sunday Independent* 7ú Márta 1924).

Foilsíodh fógra san *Irish Independent* (1ú Márta 1926, 6) ar an Luan ag tabhairt le fios go dtosódh *Dorchadas* ag 8:00 i.n. agus go raibh ticéid ar fáil ag na praghsanna seo a leanas: 5/9, 3/6, 3/-, 2/-, 1/6, 1/3.

ABBEY THEATRE
Dia Luain, 1aḋ Márta, 8 p.m.
NA H-AISTEOIRÍ
DORĊADAS (Liam Ó Flaiṫbeartaiġ).
AG SUIRĠE LEIS AN MBAINTRIĠ
(Fiaċra Eilgeaċ).
Dul isteaċ ...... 5/9, 3/6, 3/-, 2/-, 1/6, 1/3.

Fógra nuachtáin:
*Dorchadas* ag Amharclann na Mainistreach

An lá roimhe sin d'fhógair an *Sunday Independent* ar 28ú Feabhra go léireofaí dhá dhráma Gaeilge ar an Luan dár gcionn in Amharclann na Mainistreach: *Dorchadas* le Liam Ó Flaithearta agus *Ag Suirghe leis an m-Baintrigh* le Fiachra Éilgeach.[26] Mhínigh an tuairisc go raibh athrú ar an gclár nach rabhthas ag súil leis:

> *Ar Ealodh*, the adaption by León Ó Broin of a modern French comedy, which was originally announced for production to-morrow, has had to be postponed owing to the illness of one of the principals. Mr. Liam O'Flaherty, author of *Dorchadas*, is a widely-known novelist, and his

new work will be found to be an intensely realistic study which should add enormously to the high artistic reputation of An Comhar Dramuiochta (*Sunday Independent* 28ú Feabhra 1924, 2).

Ba iad Na hAisteoirí/An Comhar Drámaíochta a bhí i mbun léirithe agus Gearóid Ó Lochlainn ina léiritheoir. I measc na n-aisteoirí bhí na daoine seo a leanas: Máire Ní Chinnéide[27] (Brighid Bhreá), Máire Ní Oisín[28] (Maighreád Uaibhreach), Máire Ní Shíothcháin[29] (Máire Mhór), Muiris Ó Catháin[30] (Domhnall Dorcha), Gearóid Ó Lochlainn (Brian Gealgháireach).

Thagair Ó Broin don léiriú ina chuimhní cinn mar seo:

> I remember March 1926 when we did Liam O'Flaherty's one and only play, *Dorchadas*, where the dramatics were both on the stage and off it. We were told that some university students intended to prevent the play being done at all, as had been attempted before with Synge's *Playboy* and O'Casey's *Plough and the Stars*. I went to General Murphy,[31] the Deputy Commissioner of the Garda whom I had got to know in the army, and he filled the house and wings with plain-clothes men on the night. There was no disturbance whatsoever, however, which I rather regretted, for there is nothing like a row to publicise a play (Ó Broin g.d., 70).

Ábhar gearáin don Fhlaitheartach ab ea é go raibh an halla lán dhá oíche as a chéile ach nár íocadh riamh é as an dráma a scríobh, rud ar thagair sé dó i litir san *Irish Statesman* mar chuid de chomhfhreagras idir é féin agus Úna Dix i measc daoine eile faoi shaothar an Fhlaitheartaigh agus faoina chinneadh scríobh i mBéarla.[32] Dar leis an bhFlaitheartach:

> He (Ó Lochlainn) liked it and got the Gaelic Drama League to produce it. That was not easy. Because some horrifying Christians from the Educational Department threatened fire and brimstone if they staged my work, on the ground that I was an immoral person. In fact, I

> believe, they had to pack the hall with detectives in order to prevent the Gaelic Christians from throwing my unfortunate play to the lions. Although the theatre was packed, which rarely happens for these Gaelic plays, I was never paid for the production (Kelly 1996, 206).

Ní hamháin go raibh an halla lán idir ghardaí agus lucht féachana ach d'fhreastail criticeoirí ó na nuachtáin náisiúnta ar an ócáid agus tugann na léirmheasanna léargas ar an léiriú féin, ar chaighdeán na haisteoireachta agus ar an bhfeisteas stáitse. Tuigtear ón achoimre sna nuachtáin go gcailltear Domhnall ag clabhsúr an léirithe:

> On Monday night the Gaelic Players played two plays before a full house. The first was a three-act tragedy by Liam O'Flaherty which is rightly entitled *Gloom* … The actors must be excused, for the play was produced at extremely short notice, but Máire Ní Shíocháin, who played the rather thankless part of the mother, could greatly improve her part if she allowed herself more crescendo instead of becoming fortissimo immediately. Muiris Ó Catháin and Gearóid Ó Lochlainn, who played the parts of Dan and Brian, deserve great praise. The second play, a slight comedy, *Flirting with the Widow,*[33] was extremely well played by all the cast, notably Máire Ní Oisín and Máire Ní Shíocháin.

Níor thaitin airde gutha Mháire Ní Shíocháin ach oiread le 'Eoin' san *Independent*:

> A Chara – Bhí *Dorchadas* go maith mar dhráma ach ceapaim go mbeadh sé níos fearr dá luighduighthí an gol agus an lógóireacht beagán i gcuid de. Ní fheadar leis ná go dtéighean an tseanabhean thar teorainn 'na glór agus 'na gníomhharaibh le linn di bheith ag guidhe na mallacht ar an saoghal 'na timpeall (*Irish Independent* 3 Márta 1926, 8).

An Comhar Drámaíochta 1923.
Ó chlé (suite): Proinnsias Ní Chruadhlaoich, Piaras Béaslaí, Máire Ní Chinnéide, Fiachra Éilgeach, Máire Ní Oisín, (ina seasamh): Tadhg Ó Scanaill, Micheál Ó Siochfhradha; Pádraig Ó Broithe, Niamh Nic Gearailt, Gearóid Ó Lochlainn, Nóra Ní Chathasaigh, Amhlaibh Mac Aindrias, Séamas Ó Scanaill, Muiris Ó Cathain.

Cháin léirmheastóir an *Irish Times* guth Mháire Ní Shíocháin chomh maith:

> Máire Ní Shíocháin made the mistake of beginning on too high a note, leaving herself no reserves; but she was impressive. As the girl's mother, Máire Ní Chinnéide was exceedingly good – sympathetic, and even majestic – Máire Ní Oisín was not too well cast for the girl's part which needed subtler treatment of emotion (*Irish Times* 2 Márta 1926, 5).

Níor chabhraigh sé leis an léiriú seo ná le léiriú ar bith de chuid an Chomhair Dhrámaíochta nach raibh acu ach dhá léiriú ar fad mar a mhínigh 'Aodh Éigeas' i mí Iúil 1926 sa nuachtán *The Leader*:

> The Irish players have been on for only one night a month. That means that the players have only a 'first

> night' of every play they stage after all their trouble, and with no chance of correcting inevitable slips of dialogue, etc. first nights reveal (O'Leary 2004, 473).

Locht eile a bhain le léirithe de chuid an Chomhair, dar le León Ó Broin, ná nós Mhic Lochlainn a bheith ag feidhmiú mar aisteoir agus mar léiritheoir:

> The repertoire, even with translations, was slim; that there could only be one performance a month meant that the audience effectively saw only a dress rehearsal; and Ó Lochlainn made a cardinal mistake in being both producer and actor ... (Ó Broin g.d. 69).

Ní hamháin gur léiríodh agus gur stáitsíodh an léiriú seo faoi dheifir agus faoi bhrú ach bhí Máire Ní Oisín agus Muiris Ó Scanaill ag aisteoireacht in dhá dhráma an oíche sin, mar a thug léirmheastóir an *Irish Times* faoi deara.[34]

Ní raibh aon ghanntanas tuairimí ann faoin dráma féin agus faoin téama ach an oiread. Ba é an *Irish Times* ba mholtaí ar fad:

> It proved to be exceedingly interesting and it was somewhat surprising to find a novelist proving himself so well skilled in stagecraft: for the play was wholly free from amateur weakness ... It was finely staged last night. The characters in the romantic Western fisherfolk's attire familiarised by Synge's plays, were vivid and convincing, and their language had a native eloquence, more satisfying than Synge's unreal diction ... The play is immeasurably better than any of the author's novels and quite the most ambitious thing done by the Gaelic Players (*Irish Times* 2 Márta 1926, 5).

An locht ba mhó ab ea go raibh sé an-chosúil, ó thaobh ábhair de, le *Birthright*, dráma de chuid an Chorcaígh agus an drámadóra réalaíoch T. C. Murray (1873–1959).

> The chief weakness in *Darkness* – as the play is called – is that it inevitably reminds us of *Birthright* – for it has a

closely similar theme – jealousy among brothers, issuing in tragedy (*Irish Times* 2ú Márta 1926, 5).

Léiríodh an dráma *Birthright* den chéad uair in Amharclann na Mainistreach in 1910 agus d'éirigh chomh maith sin leis gur léiríodh sa téatar céanna é, ar a laghad uair sa bhliain, gach bliain idir 1910–32 (seachas ceithre bliana: 1921, 1924, 1925, 1926). Is deacair leis agus Pádraic Ó Conaire mór leis an bhFlaitheartach agus ina leathbhádóir sa togra drámaíochta as ar tháinig *Dorchadas* gan cuimhneamh ar na cosúlachtaí le *Bairbre Rua,* dráma Uí Chonaire a d'fhoilsigh Conradh na Gaeilge sa bhliain 1908 agus a bhain duais Oireachtas na bliana sin – £15 (Ní Chionnaith 1995, 134–5; Riggs 1994, 34–5).[35]

Má thaitin an dráma leis an *Irish Times,* ní raibh 'Oscar Óg', léirmheastóir an *Irish Statesman* tógtha le struchtúr an dráma, áfach, in ainneoin an cumas a bhí le feiceáil ann:

> Though the play may be faulty in many ways, yet it is encouraging to find original work of such promise being done ... The play has two faults: firstly, there is a feeling that too much has been done in a short space, it needs and could bear elaboration, and, secondly, it lacks dignity, especially in the third act. Here it is dangerously near melodrama, and needs more careful treatment not to be even funny in parts (*Irish Statesman* 6ú Márta 1926, 802).

Thug *Fáinne an Lae* faoin dá thrá a fhreastal nuair a foilsíodh dhá léirmheas ar aon leathanach amháin faoin dráma. Mhol 'Neol'[36] (*Fáinne an Lae* 13ú Márta 1926, 2) an dráma mar shaothar le stíl ealaíonta agus is aoibhinn leis leanúnachas an dráma agus an teannas a chothaítear ann.

> Dráma ealadhanta é go mb'fhearrde litridheacht na Gaedhilge a lán eile dá shórt a bheith ar fáil. Tar éis an léirighthe fheiceál fanann pictiúirí áirithe i n-aigne duine

… sníomhan an sgéal i n-aon crescendo uamhain amháin ó árdhuightear an brat go dtuitean sé ar chorpán an dearbhráthar is sine fá dheire thiar.

Tuigtear dó, áfach, nach dtaitneoidh an dráma le gach aon duine mar:

níl cleachtadh ag Gaedhilgeóirí ar dhrámaí dá leithéid seo – saghas nuadh iad i reanna na litridheachta – agus is féidir le Gaedhilgeóirí bheith cinnte gur minic feasta a fheicfeas siad a macsamhla. Tá treóir ag sgríbhneóirí Gaedhilge i dtrom-dhrámuíocht anois nach raibh aca go dtí seo.

Feictear dó go bhfuil céim chun cinn tógtha ag drámaíocht na Gaeilge leis an léiriú seo. Má thug Béaslaí 'eolas dúinn ar cheird an dráma éadtruim grinn … beidh atharrú ar an sgéal sin amach annseo. Tá giota eile de'n bhóthar curtha dhínn againn'. Mhol an léirmheastóir an léiriú agus na haisteoirí mar seo a leanas:

Maidir leis an aithriseóireacht agus an aisteóireacht níor buadhadh ariamh roimhe orra. Ní féidir idir-dhealú do dhéanamh idir na hAisteóirí ach ceadóchar dom má deirim focailín fá leith i n-onóir Mhuiris Uí Chatháin. Bhí sé go hiongantach. Ní beag sin.

Taobh leis, áfach, bhí léirmheas eile nach raibh moltach ná spreagúil. Chuir 'Theo' síos ar an dráma agus an halla nach mór lán. Níor thaitin an chéad ghníomh leis/léi agus cheap sé/sí nach raibh an tarna gníomh ag teastáil in aon chor. Is cúis ghearáin do 'Theo' í go bhfuil téama an dráma 'chomh sean leis an gceo' agus cuirtear an cheist:

Dar-! An féidir linn ughdar maith Gaedhilge 'fháil agus a bhéas ina Chríostuidhe san am chéanna? Gan aimhreas ar bith is duairc dorcha na hintinn atá ag cuid d'ár scríobhnóirí. Tá duairceas agus dorchadas na Rúise ag ithe isteach 'na gcroidhthe. Is mór an dul amú atá ar an úghdar má cheapann sé gur mar sin a mhaireann muinntir an Iarthair ná más smaointe den tsórt sin a bhíos acú. Dorchadas a aigne féin atá á léiriú ag an úghdar, tá faitchíos orm.

Níl in *Dorchadas*, dar le 'Theo', ach leagan eile den *Playboy of the Western World*, agus níl i Liam Ó Flaithearta ach J. M. Synge eile a bhfuil dul amú air agus é ag tarraingt drochcháile ar mhuintir na Gaeltachta. 'Tá a intinn ag imirt cleas air mar d'imrigh intinn Singe cleas air agus é a scríobh dráma in *atmosphere* an Iarthair. Níl i nDomhnall dorcha ach *Playboy* eile'. Theip ar *Dorchadas* na rialacha drámaíochta a leag Aristotle síos a shásamh:

> Ní thig leis an ughdar a rá go bhfuil Katharsis an Ghréigigh le feiceál ann. Sén fáth go scríobhtar drama bróin chor ar bith ná le hanam an duine do ghlanadh tré fhaitchíos a chur air sa gcaoi go mbeadh truaigh aige don chuirpeach. Mar dubhairt an Franncach ní mór *une douce terreur et une pitié charmanta* chun drama bróin do dhéanamh.

Tógann 'Theo' air féin muintir Árann a chosaint agus dearbhaíonn sé gurbh as intinn ghruama dhorcha an údair a tháinig na smaointe.

> Níl de dhorchadas i gcroidhthe na ndaoine gur uatha a shíolruigh an t-ughdar ach an dorchadas atá i gcroidhthe Críostuidhthe, agus tuigtear go bhfuil níos mó measa acú ar dhlighthe Dé ná cheapann an t-úghdar in a intinn shuaraigh féin ... dá mbeadh drama den tsort sin uaim arís go rachainn go dtí an Queen's, áit nach leigfeadh na hughdair ortha gur as an nGaeltacht gach sórt cuirpeach a bheadh luaidhte sa drama (*Fáinne an Lae* 13 Márta 1926, 2).

Bhí dul amú ar na léirmheastóirí dar le 'Splannc' in alt in *An Sguab*, nuachtán Connachtach a raibh rath air idir na blianta 1922–1926. Ba léir don léirmheastóir seo gur thráchtaireacht ar pholaitíocht na hÉireann a bhí ann.

> Do léigheas tuairimí ceathrair de *Dhorchadas*, Liam Uí Fhlaitheartaigh, agus is í mo thuairim-se nár thuig aoinne de'n cheathrar é. Samhlaidheacht, adéarainn-se, do bhí ar siubhal aige – an bheirt dearbhráthar ag marbhadh a chéile mar gheall ar an gcailín, gurbh' é a chialluigheadar acht na Saorstátairí agus na Poblachtánaigh ag marbhadh a chéile ar son Cáit Ní Ghuidhir agus nárbh fhios cia 'cu aca ba mhó dhein amadán de féin agus óinsín truagha de Cháit. Maidir leis an mbeirt sean-bhan, sean-dhream na hÉireann iad sin, is dócha, a dhíolfadh mac nó inghean i ngrádh slighe mhaireachtana fé shíothcháin d'fhághail dóibh féin. Má tá an ceart agam sa tuairim seo, ní fuláir nó ba é 'múineadh' do cheap an t-úghdar, acht, an t-é chífeadh an dráma, go mbadh ró-bheag leis críoch d'á dhonacht do bhreith ar mhuintir na h-Éireann idir óg agus sean, mar nárbh' aon deagh – chríoch do bhí tuillte aca. Molaim é go h-árd a chlisteacht, bheachtacht, do chuir sé an múineadh sin abhaile. Ní'l le rádh agam leis an mhuintir ar chuir sé abhaile orra é acht – 'bíodh san agaibh, agus léighidh agus ath-léighidh é mar cheacht bhur leasa dhíbh' (*An Sguab* Abrán [Aibreán] 1926, 64).

Thráigh na léirmheasanna. Laghdaigh spéis an phobail. Níor ghlac an Comhar Drámaíochta le *Dorchadas* mar chuid dá bhunstór léirithe. Blianta fada ina dhiaidh sin chaoin Donncha Ó Súilleabháin nár tharla agóid.

> Is trua nach raibh léirsiú ann faoi mar a tharla nuair a léiríodh *Playboy* Synge agus cá bhfios ná beadh cáil domhanda ar *Dorchadas* faoi mar atá ar scríbhinní eile de chuid Liam Uí Fhlaithearta. D'oirfeadh léirsiú nó rud neamhchoitianta éigin san am chun na léirithe, fiú agus gan iad a bheith ar siúl ach uair sa mhí (Ó Súilleabháin 1974, 2).

Bheadh casadh amháin eile i scéal casta an dráma seo, áfach, cé go ndealraíonn sé go raibh an Flaitheartach féin le bheith dorcha air. Sa bhliain 1929 sheol an Comhar Drámaíochta beart scripteanna chuig an nGúm lena measúnú mar fhoilseacháin.[37] I measc na dtéacsanna, bhí *Dorchadas*. Mar ba nós leis an nGúm, iarradh ar bheirt léitheoirí an téacs a mheas agus tuairisc a sholáthar. Sa chás seo ba iad Piaras Béaslaí agus Domhnall Ó Corcora a roghnaíodh.

Piaras Béaslaí (1881–1965).

Domhnall Ó Corcora (1878–1964).

Seoladh an téacs chuig an mBéaslaíoch ar 16ú Deireadh Fómhair 1929 agus tuairisc aon líne amháin a chuir an Béaslaíoch ar ais ar 14ú Samhain, 1929: 'Dráma bríoghmar é seo agus is dóich liom gur cheart é d'fhoillsiú'. (An Gúm 233/221). Tuairisc níos faide a bhreac Domhnall Ó Corcora:

> Meolodráma é seo agus mar le meolodráma tá sé go maith. Tá cúpla bliain ann ó scríobh an t-úghdhar é agus b'fhéidir go bhféadfadh sé é fheabhsú anois dá mba mhaith leis é athscríobadh. Cuid de, ba dhóigh le duine gur gharsún ocht bliana deug d'aois do scríobh, tá an oiread san fiántais ann. Ba cheart seans do thabhairt do Liam smacht do chur ar an sgéal anois. Tá abairt annso is annsúd nar cheart iad do chur i gcló.

Ar 27ú Samhain 1929 sheol Seán Mac Lellan litir i mBéarla chuig an Leas-Rúnaí:

> This is a play in Irish by Liam O'Flaherty. It was produced by the Comhar some time ago, and the script was forwarded to me by the Secretary of the Comhar with a number of other plays. The Committee recommended its acceptance for publication under the General Literature Scheme, but they think the author should be given an opportunity of revising the text first. Before taking any action on the matter I should like you to give consideration to the point whether it is proper to publish under our Scheme works by authors such as O'Flaherty, who, if he wished to publish a play in Irish, would have no difficulty in getting an ordinary publisher to take the risk.

Dhá lá ina dhiaidh sin, chuir Mac Lellan, rúnaí an Ghúim, litir chuig an Rúnaí faoin teideal, 'Publication of Play by Liam O'Flaherty':

> Secretary, Leaving aside for the moment all other considerations and objections, I consider that there is no proper process or application before us for making this publication. I don't know what right or authority the Sec. of the Comhar had to offer the work for publication, but I

can hazard a guess as to what the author would say and do if we published it. I recommend no further action.

Ag bun na litreach, scríobhadh 'Ls. curtha thar nais chun an Chomhair – féach 233/254'.

Agus an dlúthchairdeas a bhí ann idir Ó Corcora agus Frank O'Connor luíonn sé le réasún go mbeadh cás Liam Uí Fhlaithearta pléite acu agus ní haon lá iontais é más ea an tagairt seo a leanas ag O'Connor ina alt 'Two Languages' a foilsíodh in *The Bookman* sa bhliain 1934.[38]

> You can keep a language from decaying but you cannot make it live. Irish is being kept in existence to-day simply because Government attaches certain penalties to ignorance of it, and makes it a profitable matter for those who can use it. It maintains a publishing concern solely for the purpose of distributing books in Irish. In Dublin you may see a new bookshop with a very fine display of books in coloured jackets, and at prices as reasonable as those charged for similar books in English. If you look over them you will probably discover that the authors' names are familiar: here are Freeman Wills Crofts, Helen Mathers, Lew Wallace, Joseph Conrad, Ridgwell Cullum, Rider Haggard, George Birmingham, Bram Stoker, Dickens, Emily Brontë, Goldsmith, Frank Packard, Captain Marryat and Wilkie Collins. You will not find the names of Seán Ó Faoláin, Peadar O'Donnell or Liam O'Flaherty. I may be prejudiced, but it seems to me that there is something unnatural about this. Out of the hundreds of thousands of pounds which are being spent upon Irish, there is quite a comfortable living to be made by original writers, and Liam O'Flaherty's Irish is very fine, while Seán Ó Faoláin's stories were written originally in Irish. Besides there is the danger that translation may have exactly the opposite effect to that intended by Gaels. Instead of being satisfied with the half-dozen or so detective stories provided for his benefit, the book-shy Irish-speaker may conceive a passion for them and go on to read them in English. Even Government seems to be aware of this danger, because

> handsome prizes are offered for original work in Irish. Yet the books are not forthcoming. Very strange, you say (O'Donovan 1934, 240).

Ach ní hé seo an t-aon alt amháin a dhéanann iontas d'easpa saothar Gaeilge leis an bhFlaitheartach i measc leabhair an Ghúim. Bhreac údar gan ainm alt in *The Saturday Review* sa bhliain 1930 agus dhein nasc idir an Flaitheartach, an Gúm agus an Bord Cinsireachta, a bhí díreach nuacheaptha:

> In view of the fact that Irish is one of the official languages of this country, it seems strange that the Gaelic League is not represented on the Board of Censors. The omission, however, may be deliberate and intended to indicate that our truly native productions can be trusted never to offend purity; and, in the agitations for a censorship, stress was laid almost wholly on imported publications. All our own well-known writers, other than those whose medium is Irish – from Mr. W. B. Yeats to Mr. Liam O'Flaherty – have London publishers; and their works, therefore, come under the heading of imported publications. It is interesting in this connection to note that Irish publishing becomes more and more dependent on the issue of works in the Irish language. These are now of all sorts; writers of Irish no longer confine themselves to moralistic tracts and propaganda for the old tongue. The propagandist notion creeps in, however, in the attempt to popularize Irish lessons by providing the public with translations of popular 'foreign' fiction. The Gaelic League now includes in its members experts in detective stories. One of these, after trying his own hand in this form of literature, has recently translated A. E. W. Mason's *At the Villa Rose* into Irish; and another English book that has been brought before the Gaelic public is R. L. Stevenson's *Dr. Jekyll and Mr. Hyde.* It must be remembered that the mentality of the average Irish Gaelic Leaguer is far removed from that of the Western islanders; and it is the mentality of the Gaelic League which commands at present the development of modern Ireland. Our Gaelic intellectuals suppose that a national literature expresses a so-called national thought;

and this leads to provincialism. Benedetto Croce's advice to young Italy would be useful here: To feel nationally, but to think like cosmopolitans (*Saturday Review* 8 Márta 1930, 290).

Thart faoi 1926, tosaíodh ag scríobh chuig an bhFlaitheartach ar thóir lámhscríbhinní dá chuid. I measc na ndaoine a scríobh chuige, bhí Percy H. Muir (1894–1979), gníomhaire de chuid Dulau & Co. Sheol an Flaitheartach litir chuige ar 3ú Iúil, 1926 ag tabhairt le fios go raibh lámhscríbhinn *Darkness* agus *Dorchadas* aige agus go mbeadh sé sásta iad a dhíol:

> Dear Mr Muir, I have also the MS of a three-act play *Darkness* which I would be willing to sell for fifteen pounds. It is written in Gaelic originally by me. I afterwards translated it into English. The Gaelic MS would be, of course, merely a curiosity for your client (Kelly 155–6).

Ní fios ar cheannaigh nó nár cheannaigh Muir é, ach thug an Flaitheartach le fios ina alt san *Irish Statesman* um Nollaig 1927 gur éirigh leis an lámhscríbhinn Ghaeilge a dhíol le sóisialaí Sasanach éigin:

> Although the theatre was packed, which rarely happens for these Gaelic plays, I was never paid for the production. Here is the joke. The only remuneration I received for this play was from an English socialist who dislikes Irish and everything connected with nationalism of any sort in any place. He paid me twenty five pounds for the Gaelic manuscript, i.e. for my handwriting (*Irish Statesman,* 1927, 348).

Faoi láthair tá dhá lámhscríbhinn Ghaeilge de chuid an Fhlaitheartaigh ag Bailiúcháin Speisialta, Áras Margaret I. King, Ollscoil Kentucky agus bhí cóip chlóscríofa den téacs Gaeilge i seilbh Leabharlann Hardiman in Ollscoil na hÉireann, Gaillimh. Is éard atá in Ollscoil Kentucky ná dréacht garbh de ghníomh a dó agus de ghníomh a trí i lámhscríbhinn amháin, agus dréacht den dráma iomlán scríofa go néata agus an nóta seo a leanas ar an gcéad leathanach den téacs: 'First produced in Gaelic in the Abbey Theatre March 1926 by the Gaelic Drama League to the consternation of the audience'. Ní fios conas nó cathain a tharla don téacs a bheith in Ollscoil Kentucky ach gur íocadh $150 ar an téacs ag pointe éigin. Tá an chóip a d'úsáid Rhys Davies don léiriú Béarla in árasán mhuintir Roberts i seilbh Leabharlann Phoiblí Bhostúin, Massachusetts.

Póstaer toghchánaíochta ó 1932.

Faoi 1930 bhí an Bord Cinsireachta ag cur bac ar shaothair Uí Fhlaithearta go rialta: *The House of Gold* (cosc 1930), *The Puritan* (cosc 1931) agus *The Martyr* (cosc 1933). Nuair a chlis ar a phósadh le Margaret Barrington-O'Flaherty i mí an Mhárta 1931, thréig Liam Ó Flaithearta lár an aonaigh – 'except for the records of publication of his books and stories not much is available about O'Flaherty's personal life from 1927 to 1932' (Zimmer 1970, 32). Faoi 1934 bhí sé ag cur faoi ar Sunset Boulevard, Los Angeles, ag obair do Paramount Pictures agus ag soláthar scripteanna scannán. Ní fios an raibh aon chur amach aige ar iarrachtaí an Chomhair Dhrámaíochta chun an dráma a fhoilsiú ach nuair a d'fhill sé ar Éirinn sa bhliain 1946 thug sé agallamh don *Irish Press*. Thug sé le fios:

> one of the first things I did here was to tour the Gúm and the bookshops. I was surprised, after what I had read, to find excellent works by writers of Irish. I renewed acquaintance with books by the older hands like Mac Grianna, but also I was delighted to find new writers and new books. There was a first-class work by a new writer named Ó Cadhain and there were fine stories by Tomás Bairéad. Then I came across a charming book about wanderings in Mayo. I forget its name and the name of its author, but in the middle of it I found an old song I sang in Aran as a child and it brought back many memories (*Irish Press* 13 Bealtaine 1946, 4).

Máirtín Ó Cadhain (1906–1970).

I measc na scéalta a d'inis sé don iriseoir agus an chuma ar an scéal gur ag labhairt ós na fiacla amach a bhí sé in amanna, thagair sé do *Dorchadas*:

> He is enthusiastic about the idea of a Gaelic theatre. He recalled that himself and Pádraic Ó Conaire once set out to establish a touring Gaelic theatre. O'Flaherty wrote a play for it, *Dorchadas* (Darkness) but the theatre was never born. 'At the time there was too much narrow prejudice against it,' he said 'and also we had the very patriotic Cosgrave Government' (*Irish Press* 13 Bealtaine 1946, 4).

Chuir Breandán Ó hEithir clabhsúr ar a aiste faoina uncail le rabhadh do léirmheastóirí agus do scoláirí mar seo a leanas:

> Tá sé fánach a bheith ag tomhais anois cén toradh a bheadh ar shaothar Uí Fhlatharta dá bhfanadh sé i mbun scríbhneoireachta i nGaeilge ó lár na bhficheadaí i leith agus dá gcaithfeadh sé tréimhsí ní b'fhaide sa Ghaeltacht. Ní mheasaim go bhfuil ciall le bheith ag tuairimíocht mar go bhfuilim cinnte gur theastaigh ón bhFlathartach cloí le scríbhneoireacht mar ghléas beatha ó tháinig sé faoi thionchar Edward Garnett i 1923 agus ó foilsíodh *The* (sic) *Neighbour's Wife* an bhliain chéanna. Tá mé lánchinnte freisin go mbeadh sé thar a bheith sásta a bheith ina scríbhneoir lánaimseartha Gaeilge dá mb'fhéidir é, ach is róléir nach raibh ansin ach brionglóid cé go ndeachaigh oidhe Uí Chonaire go mór i gcion air agus gur shocraigh sé a bheith neamhspleách – chomh fada agus is féidir d'aon scríbhneoir a bheith neamhspleách (Ó hEithir 1977, 76.)

Breandán Ó hEithir (1930–1990).

Is caint sa aer í a bheith ag tuairimíocht faoi threo liteartha Liam Uí Fhlaithearta dá leanfadh sé air ag saothrú i nGaeilge nó dá mbeadh sé lonnaithe sa Ghaeltacht níos faide. Is fíor leis ráiteas Uí Eithir gur theastaigh go géar ón bhFlaitheartach a bheith ina scríbhneoir gairmiúil agus olltionchar Phádraic Uí Chonaire air. I mbliana, tá 85 bliain ann ó céadstáitsíodh *Dorchadas* ar ardán Amharclann na Mainistreach. Tá sé thar am an dráma neamhghnách eisceachtúil Gaeilge seo a thabhairt chun solais in athuair.

NÓTAÍ

1 Ceaptar gur rugadh Michael isteach agus amach ar 1846 agus Margaret isteach agus amach ar 1855. Pósadh iad in 1873. Dar le daonáireamh na bliana 1911 ní raibh ach ceathrar ag cur fúthu sa teach: Michael (66 bliana), Margaret (56 bliana), Thomas (20 bliana) agus Agnes (12 bliana) faoin mbliain 1911. 'Feirmeoir' ab ea Micheál um an dtaca seo agus 'mac feirmeora' ab ea Thomas. Tugtar le fios go raibh an lánúin pósta 39 bliana agus gur saolaíodh 14 leanbh beo agus go maireann 11. Cailleadh an chéad bheirt pháistí a saolaíodh in 1873 agus 1874 agus cailleadh Julia tar éis 1905. Bhí an triúr cailíní is sine imithe go Meiriceá faoin mbliain 1896. Oileadh na cailíní eile i meánscoileanna míntíre de bharr scéim Chonradh na Gaeilge: Julia i gCill Mhantáin, Lil agus Delia i nDún Dealgan. Cháiligh Lil agus Delia i gColáiste Oiliúna Naomh Muire i mBéal Feirste agus mhúineadar beirt sa chathair sin. D'fhill Annie ar Árainn agus thagadh Liam ar cuairt chuici cé nár thaitin sé leis an gcléir áitiúil agus chuireadar ina choinne (Mac an Iomaire, 2001, 32–3). Cé gur 'Flaherty' an sloinne a bhí ag an gclann i ndaonáireamh na bliana 1901 agus 1911, shínigh Agnes a hainm mar 'O'Flaherty' i ndaonáireamh na bliana 1911. Maidir le seasamh na clainne, feic Peter Costello (1996), 13. Feic, freisin, Ó hEithir (1977), 65–76.

2 Tugann Doyle agus O'Brien 1915 mar bhliain a chláraithe. Luann Costello an bhliain 1916. Is é Lá Fhéile Bríde, 1916 an dáta atá ina chomhad sa Chartlann Mhíleata i Sasana. Is é 7 Bealtaine 1918 dáta a scaoilte as an Arm.

3 I measc na ndaoine eile a bhí ar an gcoiste, bhí Seán Mac an tSaoir, J. Carroll, E. Mahon agus Pádraic Ó Flaithbheartaigh. Feic Ó hEithir (1977), 73–4.

4 Thagair sé i litir (Samhain 1923) chuig Garnett don Dr Hallissey, a bhíodh ar scoil leis, agus ar dochtúir i Londain anois é. Bhí Hallissey sásta, de réir dealraimh, labhairt lena chuid cairde i rialtas na hÉireann chun go n-aistreofaí cuid de shaothar Béarla Uí Fhlaithearta go Gaeilge don Roinn Oideachais (Feic Kelly 1996, 56). Cá bhfios nárbh é seo a spreag an Flaitheartach chun tabhairt faoi scríobh i nGaeilge arís?

5 Ba ag an am seo a thit sé féin agus Margaret Barrington – bean chéile Edmund Curtis, staraí i gColáiste na Tríonóide – i ngrá agus chuireadar fúthu ag an Leacain Darach, Gleann Cré, Cill Mhantáin. Phósadar sa bhliain 1926 agus saolaíodh iníon darbh ainm Pegeen dóibh.

6 Feic Eoghan Ó hAnluain, 'A Writer who bolstered the Irish Revival', *Irish Times* 8ú Meán Fómhair 1984, 7. Feic Costello (1996), 105.

7 Bhain conspóid leis an searmanas Caitliceach. Feic Pat Sheeran, 'Beastly Loot', *Comhar*, 43:12. 40–2. Feic Costello (1996), 113–4 a deir: 'At this time he was also visited from time to time by Fr Dermod McCarthy of the pro-Cathedral, who thought he had reconciled Liam with the Catholic Church. But in all honesty Liam was well beyond giving any informed consent to such a profession'.

8 Thug *The Irish Times* le fios gur fhreastail Curtis ar cheiliúradh de chuid an tríú séasúr den Chomhar Drámaíochta (1926) ar an Satharn 24ú Aibreán. 'At Roberts' Café, Grafton street, Dublin, last Saturday evening, the Gaelic Players held a reception to commemorate the successful close of their third season at the Abbey Theatre. Among the large assembly of guests were the Speaker of the Dáil and Mrs. Hayes, Mr. and Mrs. R. Mulcahy, the Accountant-General and Mrs. Fitzgerald and Professor Edmund Curtis, M.A., T.C.D. The following contributed musical items: Máire Ní Oisín,

Gráinne Nic Cathasaigh, T.J. Flynn, S. Flynn, M. Sugrue, and Sean Ó Beirn' (*Irish Times* 1ú Bealtaine 1926, 12).

9 Maidir le grúpa taistil drámaíochta, feic O'Leary (2004), 477–84. Tá macalla an-soiléir anseo d'aiste Uí Chonaire faoi chothú na drámaíochta Gaeilge. Feic Pádraic Ó Conaire, 'Drámaí', *The Irishman*, 28ú Meán Fómhair, 1918, in Gearóid Denvir (eag), *Aistí Phádraic Uí Chonaire* (1978), 128–30.

10 Cailleadh Ó Conaire san ardchathair ar 6ú Deireadh Fómhair 1928, dhá lá tar éis dó imeacht ó theach Uí Fhlaithearta. Feic Ní Chnáimhín, *Pádraic Ó Conaire* (1947), 104–5.

11 Feic Pádraig Ó Siadhail, *Bairbre Rua agus Drámaí Eile* (1989). Chuir W.P. Ryan síos ar Ó Conaire i léirmheas ar *Synge and the Irish Theatre* le Maurice Bourgeois mar 'the grim and what might be called Ibsenian Connacht interpreted in the writings of Padraic O Conaire'. *The Bookman*, Nollaig 1913, 170. Dhein sé cur síos eile air in 'Drama and Democracy', *The Bookman*, Lúnasa 1929, 271. Thagair W.B.W. in *The Athenaeum* (13 Lúnasa, 1920) do Phádraic Ó Conaire mar 'Only one Irish writer, I believe – Mr. Padraic O'Conaire – enjoys anything like a European reputation'.

12 Gearóid Ó Lochlainn (1884–1970). Saolaíodh Gearóid Ó Lochlainn i Learpholl Shasana agus d'éirigh leis an Ghaeilge a fhoghlaim ó chainteoir dúchais nuair a d'fhill a mhuintir ar Éirinn. Mheas Micheál Mac Liammóir nach raibh ach triúr ag saothrú laistigh de shaol na Gaeilge a raibh cur amach acu ar an drámaíocht: ba iad sin, é féin, Pól Ó Fearghail agus Gearóid Ó Lochlainn. Feic Breathnach & Ní Mhurchú (1992), 115–7. Luann Sisson go raibh Madame Bannard Cogley 'founder and hostess of a weekly cabaret club in Harcourt Street, and the actor Gearóid Ó Lochlainn had been talking about establishing a theatre company when they were introduced by A.J. Leventhal to Mac Liammóir and Edwards in early 1928. Mac Liammóir and Edwards had been appointed directors of the Taibhdhearc Theatre in Galway but were looking for a theatre in Dublin'. Sisson (2010), 146–7.

13 Tráchtann Shelia Lahr ina cuimhní cinn dar teideal *Yealm* air: 'My mother had been a member of the British Socialist

Party, which following the Russian Revolution, dissolved itself into the newly formed Communist Party of Great Britain. My father had always considered himself an Anarchist, anarchism originally having been part of the Communist movement. However, both of my parents were distressed at the shooting down of the rebellious sailors at Kronstadt and although they remained at that time within the Communist Party, they became more and more uneasy as Stalinism took hold. This unease bringing in its train cynicism was to lead to my father's expulsion from the Party'. http://www.militantesthetix.co.uk/yealm/yealm2.htm (ar fáil 19ú Meán Fómhair 2011).

14 Dar le Sheila Lahr (i gcomhfhreagras príobháideach) ba dhochtúir Indiach é Bhatt a raibh cleachtadh míochaine aige, b'fhéidir, i gcathair Londan. Mar údar bhí spéis aige sa litríocht agus sa pholaitíocht. I measc na leabhar a d'fhoilsigh sé áirítear na teidil seo a leanas: *Labour India: Being an Address to the Irish Labour Party and Trade Union Congress delivered at Drogheda, 5 August, 1919* (Irish Labour Party and Trade Union Congress, 1919); *Panini* (E. Archer, 1926); *When we were very green: with apologies to Mr. A.A. Milne* (E. Archer, 1929); *Soma: June 1931* (K. S. Bhatt/E. Lahr, 1931); *An Indictment of Slave Labour* (Workers Welfare of India, c. 1930).

15 Tháinig deireadh leis an iris in 1927. Bhí cúrsaí airgid ag dul in olcas de réir a chéile agus ciontaíodh Lahr in 1935 as seilbh a ghlacadh ar leabhair ghoidte agus gearradh tréimhse sé mhí i bpríosún air. Thit an lug ar an lag nuair a scriosadh a shiopa i rith bombardaithe i mBealtaine 1941.

16 D'éirigh le Garnett sparánacht ón Royal Literary Fund, luach £200, a fháil dó ag an tráth seo.

17 D'fhoilsigh Lahr a thuilleadh saothar leis an bhFlaitheartach. *Joseph Conrad: An Appreciation* (London, E. Lahr, 1930, Blue Moon Booklets, Uimhir 1) – céad cóip shínithe; *The Child of God* (London, E. Archer, 1926) – 125 cóip shínithe, 25 cóip le léaráid den údar ag William Roberts; *A Cure for Unemployment* (London: E. Lahr, 1931, Blue Moon Booklet, Uimhir 8). Feic Paul A. Doyle, *Liam O'Flaherty: An Annotated Bibliography* (1972), 3–4.

18 R. Dornan. Tagraíonn Shelia Lahr ina cuimhní cinn do 'my mother's friend Dornan ... for the short time we live in Fairbridge Road our family becomes extended by my father's sister Tante Maria and Margot, the illegitimate daughter of my mother's friend Dornan. Margot, a child some five years older than me'. Feic http://www.militantesthetix.co.uk/yealm/CONTENTS.htm (ar fáil 17ú Meán Fómhair 2011).

19 Sarah Roberts (1900–1992). Bean chéile William Roberts ab ea í agus bhí sí bainteach leis na 'Vorticists'- an ghluaiseacht réabhlóideach a bhunaigh Wyndham Lewis roimh an gCogadh Mór. Saolaíodh í i Leeds Shasana sa bhliain 1900, an bhliain ar tháinig a clann ó Klincy na hÚcráine ar nós na sluaite Giúdacha a d'éalaigh ón gceantar sin de bharr brú eacnamaíochta agus polaitíochta. Chuireadar fúthu i gceantar Giúdach i gcathair Leeds. D'fhreastail a deartháir, Jacob ar an Leeds Arts School agus ar an Slade ina dhiaidh sin agus b'ann a casadh William Roberts air. Ba mhainicín dóibh beirt í Sarah. Liostáil sí san arm le linn an Chogaidh Mhóir agus pósadh iad ina dhiaidh.

20 Rhys Davis (1901–1978). Baisteadh é mar Vivian Rees Davies. Chaith sé formhór a shaoil i Londain agus d'fhoilsigh sé leabhair i mBéarla cé gur lonnaigh sé go leor dá shaothar ina thír dhúchais, an Bhreatain Bheag. Tá cáil air as a chuid gearrscéalta agus úrscéalta. Níor phléigh sé an homaighnéasacht go poiblí. I measc na gcairde liteartha a bhí aige, áirítear D. H. Lawrence, Anna Kavan agus Charles Lahr. Ba é Lahr a d'fhoilsigh cuid dá ábhar in *The New Coterie* agus é ina údar óg. Bhreac an Flaitheartach réamhrá dá leabhar *The Stars, The World, and The Women* (London, William Jackson, 1930) inar mhol sé an t-údar. Scríobh Rhys réamhrá do *The Wild Swan and Other Stories* (London, Joiner and Steele, 1932) ina dhiaidh sin.

21 Ceannaíodh an pictiúr féin ag ceant de chuid Christie ar 15ú Iúil 2008 ar luach £1,188.00.

22 Baineann a léaráid 'Taking the Oath' ón mbliain 1920 go dlúth le scéal na hÉireann.

23 Shíolraigh an Comhar Drámaíochta ó ghrúpa aisteoirí darbh ainm Na hAisteoirí agus ba mhinic an seanteideal

in úsáid i léirmheasanna nuachtán. Feic O'Leary (2004), 465.

24 D'eagraigh an Comhar Drámaíochta sraith léachtaí poiblí leis ar ghnéithe éagsúla den drámaíocht. Feic Ó Súilleabháin (1973), 3.

25 Céadléiríodh an dráma seo i mBéal Feirste ar 1ú Samhain 1900 agus ina dhiaidh sin ar 27ú Lúnasa 1900 ag Frank Fay, Willie Fay agus an Ormonde Dramatic Group sna Antient Concert Rooms i mBaile Átha Cliath. Ceapann Breathnach agus Ní Mhurchú go mb'fhéidir gurbh é an chéad dráma Gaeilge a léiríodh riamh é. Feic Breathnach agus Ní Mhurchú (1986), 38.

26 Constance P. Anderson, *The Courting of the Widow Malone*. Tugann *Beathaisnéis a Naoi* 1927 mar dháta. Feic Breathnach agus Ní Mhurchú (2007), 147.

27 Máire Ní Chinnéide (1878–1967). Rugadh í i mBaile Átha Cliath agus ba í a chuir *Peig, Machtnamh Sean-Mhná* agus *Scéalta ó Ghrimm* in eagar. I measc na ndrámaí a cheap sí, áirítear: *Dúchas* (1923), *An Cochall Draoidheachta* (1938), *Cáit Ní Dhuibhir* (1938) agus *Scéal an Tí* (1953). Ba í an chéad uachtarán ar Chumann Camógaíochta na nGael í nuair a toghadh í sa bhliain 1904. Mo bhuíochas don Dr. Ríona Nic Congáil as eolas a thabhairt dom ina taobh.

28 Máire Ní Oisín. Ball rialta den Chomhar Drámaíochta. Ghlac sí páirt sna drámaí seo a leanas: *An Bhean Chrodha* le Béaslaí a léirigh Mac Liammóir (Amharclann an Gheata, 27ú Eanáir, 1931); *Fear na Fógraidheachta (a.k.a. An Fear Fógraigheachta)* le Béaslaí (An Phéacóg, 16ú Deireadh Fómhair 1934); *An Geocach Duine Uasal/Le Bourgeois Gentilhomme* le Molière a d'aistrigh Máire Ní Shíthe ('Dul Amudha') agus a léirigh Mac Liammóir (Amharclann an Gheata, 25ú Samhain, 1930); *An Clósgríobhaí* le León Ó Broin (5ú Feabhra 1929); *Na Cluig* (5ú Nollaig, 1933). Bhí sí ar *Uair i dTír na nÓg*, clár raidió de chuid 2RN a chraoltaí ag 6:00 i.n. idir 1928–1930. Chuir an *Irish Independent* (16ú Nollaig 1939) síos uirthi mar 'typist' i Rannóg an Aistriúcháin. Foilsíodh a pictiúr san *Irish Independent*, 12ú Samhain 1923, 3 agus d'fhógair an *Irish Independent* (24ú Meán Fómhair 1928, 8) 'she represented the Western tradition' ag Siamsa na bliana sin.

29 Máire Ní Shíothcháin. Ball gníomhach den Chomhar Drámaíochta ab ea í mar aisteoir. D'aistrigh sí *Birthright* le T. C. Murray mar *Oidhreacht* agus léiríodh é i Márta 1916 san Irish Theatre, Sráid Hardwicke agus í féin i bpáirt Mháire.

30 Muiris Ó Catháin (1890–1960). Ciarraíoch agus múinteoir scoile i mBaile Átha Cliath a throid i gCogadh na Saoirse ab ea é. Thosaigh sé ag aisteoireacht timpeall na bliana 1914 agus bhí ról lárnach aige i mbunú an Chomhair Dhrámaíochta sa bhliain 1923.

31 William Richard English Murphy (W. R. E. Murphy) (1890–1975). Saolaíodh é i Loch Garman agus chláraigh sé mar oifigeach in arm Shasana sa bhliain 1915. Cé gur throid sé sa chéad Chogadh Domhanda thacaigh sé leis an IRA le linn Chogadh na Saoirse agus ceapadh é ina Leas-Cheannaire ar arm an tSaorstáit le linn Chogadh na gCarad. Ar chríochnú an chogaidh, cuireadh i gceannas ar an DMP, póilíní na hardchathrach, sular ceapadh ina Leas-Cheannaire ar an nGarda Síochána é. D'éirigh sé as an bpost sin sa bhliain 1955.

32 Feic Brian Ó Conchubhair, 'Liam Ó Flaithearta agus Scríobh na Gaeilge: Ceist Airgid nó Cinneadh Chonradh na Gaeilge?', *New Hibernia Review/Iris Éireannach Nua*: 4. 2: 116–140. Feic, freisin, John Cronin, 'Liam O'Flaherty and *Dúil*', *New Hibernia Review/Iris Éireannach Nua*, 7.1: 45–55.

33 Aistriúchán ar *The Courting of the Widow Malone* (1922) le 'Fiachra Éilgeach' (Ristéard Ó Foghludha). Dráma grinn aonghnímh a léirigh an Comhar Drámaíochta ar 16ú Feabhra 1925, dar le *Playography na Gaeilge*. I measc na n-aisteoirí bhí: Máire Ní Oisín, Máire Ní Shíothcháin, Gearóid Ó Lochlainn agus Tadhg (Beag) Ó Scanaill.

34 'The second play was Mrs. Constance Powell-Anderson's ever delightful little comedy *Wooing the Widow*; and here Máire Ní Oisín, as a roguish girl, who helps the lovers to woo in poetry, was at her best. Mr. O'Scanaill was welcome in his old part of the fierce wooer. The piece is among the best in the players' repertoire'. (*Irish Times*, 2 Márta 1926, 5).

35 Sa chomhthéacs seo is fiú cuimhneamh ar an gcur síos a dhein an Flaitheartach ar a úrscéal *The Informer* i litir chuig Garnett. Feic Kelly (1996), 102.

36 Ba é 'Noel' ainm cleite León Uí Bhroin.

37 Feic Pádraig Ó Siadhail, *Stair Dhrámaíocht na Gaeilge 1900–1970* (1993), 64–5. I measc na ndrámaí a d'fhoilsigh an Gúm ag an am seo, tá: Piaras Béaslaí, *An Sgaothaire agus Cúig Drámaí Eile* (1929); Fiachra Éilgeach, *Naoi nGearra-Chluiche* (1930); León Ó Broin, *An Mhallacht agus Trí Drámaí* (1931); An Bhantiarna Gregory, *Dubhairt Sé Dabhairt Sé* (1931) aistrithe ag An Seabhac; J. M. Synge, *Deirdre an Bhróin* (1933) aistrithe ag León Ó Broin; Dubhghlas de hÍde, *Casadh an tSúgáin* (1934); Dubhghlas de hÍde, *Maistín an Bhéarla* (1934). Is léir ganntanas na ndrámaí Gaeilge sa tríú himleabhar ag Risteárd de hAe, *Clár Litridheacht na Nua-Ghaedhilge 1850–1936* áit nach bhfuil ach 106 dráma i gcló – idir bhundrámaí agus aistriúcháin.

38 Chuir Frank O'Connor faoi sa teach céanna ar ball ach cé go raibh cáil ar a árasán mar áit bhothántaíochta 'O'Flaherty gained the reputation of a solitary'. Feic Costello (1996), 97.

# Dorchadas

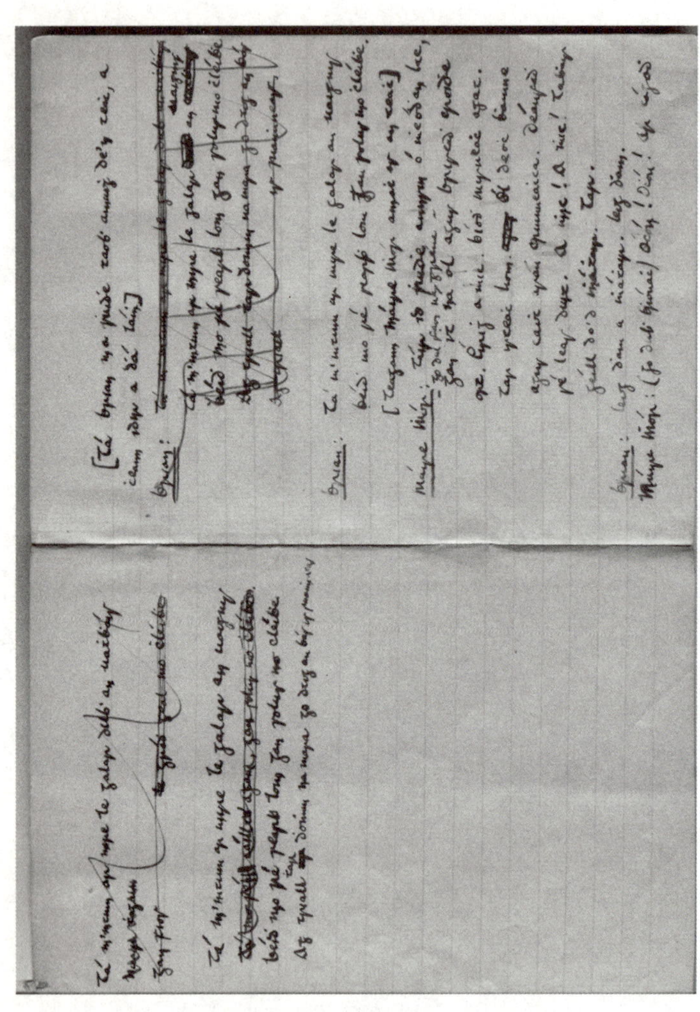

Sampla de théacs Kentucky.

# NÓTA EAGARTHÓIREACHTA

Tá an téacs bunaithe ar dhá chóip den dráma: cóip chlóscríofa atá i seilbh na leabharlainne, Ollscoil na hÉireann, Gaillimh (ar a dtugtar Téacs na Gaillimhe) agus cóip lámhscríofa leis an údar agus atá i dtaisce anois in Ollscoil Kentucky (ar a dtugtar Téacs Kentucky). Baineadh leas as litriú caighdeánach ar mhaithe le héascaíocht na léitheoireachta. Áit ar bith a bhfuil focal neamhghnách nó litriú neamhchaighdeánach, moltar rogha focail nó leagan eile den fhocal céanna sna fonótaí. Is é an t-eagarthóir a chuir na fonótaí ar fáil mar áis don mhac léinn agus don fhoghlaimeoir seachas don teangeolaí. In ainneoin gur tógadh Liam Ó Flaithearta ar Oileán Árann, tá rian an-láidir de chanúint na Mumhan le sonrú sa dá leagan den téacs. Ní fios cé a bhuail an chanúint ar an téacs ná cé a chuir comhairle ar Liam Ó Flaithearta agus é i mbun scríbhneoireachta ach bheartaigh an t-eagarthóir gan cur isteach ar an téacs mar atá sé sa dá leagan de atá ar fáil agus fanúint dílis don lámhscríbhinn an oiread agus ab fhéidir.

1–2 Márta 1926, Amharclann na Mainistreach

| | |
|---|---|
| Máire Mhór | Máire Ní Shíothcháin |
| Domhnall Dorcha | Muiris Ó Catháin |
| Brian Gealgháireach | Gearóid Ó Lochlainn |
| Brighid Bhreá | Máire Ní Chinnéide |
| Maighréad Uaibhreach | Máire Ní Oisín |
| | |
| Géaróid Ó Lochlainn | Léiritheoir |

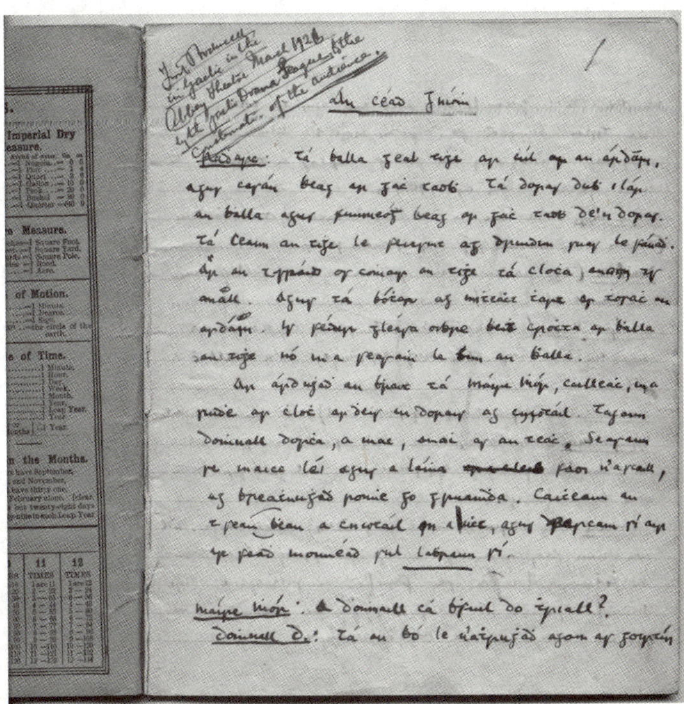

Sampla de théacs Kentucky: Sliocht ón gcéad leathanach den chéad ghníomh le nóta 'First produced in Gaelic in the Abbey Theatre March 1926 by the Gaelic Drama League to the consternation of the audience'.

# AN CHÉAD GHNÍOMH[1]

*[Um Mheán Lae – an ghrian ag taitneamh]*

RADHARC: *Tá balla geal tí ar chúl an ardáin, agus casán beag ar gach taobh. Tá doras dubh i lár an bhalla agus fuinneog bheag ar gach taobh den doras. Tá ceann an tí le feiscint ag druidim suas le fána. Ar an tsráid os comhair an tí tá clocha anonn is anall, agus tá bóthar ag imeacht thart ar thosach an ardáin. Is féidir gléasra oibre a bheith crochta ar bhalla an tí, nó ina seasamh le bun an bhalla. Ar ardú an bhrait tá* MÁIRE MHÓR, *cailleach, ina suí ar chloch ar dheis an dorais ag cniotáil. Tagann* DOMHNALL DORCHA, *a mac, amach as an teach. Seasann sé in aice léi agus a lámha faoina ascaillí, ag breathnú roimhe go gruama. Caitheann an tseanbhean a cniotáil ina hucht agus dearcann sí air ar feadh nóiméid sula labhraíonn sí.*

MÁIRE MHÓR: A Dhomhnaill, cá bhfuil do thriall?

DOMHNALL DORCHA: Tá an bhó le n-athrú agam as goirtín na sí. Níl greim le n-ithe aici ann agus tá tobar na leice tirim. Cuirfead sa gcrogán[2] mór í. Beidh féar scailpreach le n-ithe aici fad is a mhairfeas an tiormach.[3] Tá uisce ar na bulláin ann freisin.

MÁIRE MHÓR: Ba chóir sin do bheith déanta agat ó mhaidin. [*Tógann sí a cniotáil arís agus cromann sí air*].

DOMHNALL DORCHA: [*Ag croitheadh a lámh os a chionn agus ag filleadh chun na láimhe clé*]. Ach!

MÁIRE MHÓR: [*Go truamhéalach*]. Tá sé ag tarraingt ar mheán lae anois agus níor chorraigh tú den teallach ó bhleán na bó.

DOMHNALL DORCHA: [*Ag dearcadh uirthi i ndiaidh a chúil*]. Bíodh an diabhal agat.

MÁIRE MHÓR: Nárbh fhíor duit. Nach bhfuil an gort caol le glanadh agat, agus an salachar ag dul go barr bata ann le coicís?

DOMHNALL DORCHA: [*Ag iompú chuici go fiáin*]. Bíodh aige. Níl aon suim feasta agamsa i gcur an earraigh ná i mbaint an fhómhair. Loiceadh sé! Plúchadh an salachar é! Nár mhéadaí sé de ló agus nár bhorraí sé faoi dhrúcht na hoíche! Céard tá dá bharr agamsa?

MÁIRE MHÓR: [*Síneann sí uaithi a lámha agus ligeann sí siar a corp, uafás ar a héadan*]. A mhic an anachain! A mhic na buile!

DOMHNALL DORCHA: [*I ngar di anois, a lámh dheas crochta suas amach uaidh, go feargach*]. Dún do bhéal! Éist le mo chaint! Ní le buile atáim le caint ach leis an dorchadas atá tite ar mo chroí. Nach bhfuilim anois le fiche bliain ag fuirseadh na talúna ó bádh m'athair agus mo thriúr deartháireacha agus mé i mo ghasúr, ag fuirseadh agus ag ropadh dhuitse agus do Bhrian, peata do sheanaoise?

MÁIRE MHÓR: [*Ag éirí ina seasamh agus ag bagairt a dá lámh air*]. A bhóracháin na tarcaisne, is é Brian fáth do bhuile. Tá an ghráin agat ar mo mhac gléigeal do rugadh in aon bhroinn leat. Is mór leat áille a choirp.

DOMHNALL DORCHA: [*Ag bualadh láimhe go tobann ar a chlár éadain agus ag déanamh ar an gcloch*]. A mháthair, tá dorchadas ar mo chroí.[4] Níl a fhios agam céard táim a rá. [*Suíonn sé ar chloch*]. Tá mé bórach bosach agus tá dorchadas ar mo chroí. [*Tagann MÁIRE MHÓR go dtí é agus leagann sí lámh ar a cheann*].

MÁIRE MHÓR: [*Go bog*]. A Mhic! Maith dhom m'fhocal. Labhras le fearg. Bórach nó bosach is gléigeal le máthair a mac. Nach cúis ríméid dom spreacadh do láimhe agus saint do shúl ag réabadh na talúna báine san Earrach, ag cur na fóide duibhe[5] ar an síol. Ach tá tinneas ort, a chuid. Inis dom fáth do bhróin. Labhair, a stór.

DOMHNALL DORCHA: [*Agus a cheann faoi*]. Níl tinneas orm ach tinneas nach féidir a leigheas.

MÁIRE MHÓR: Labhair, a mhic. Tá luibh leigheasta i gcroí gach máthar. Níl aon tairbhe sa gceilt. Lig uait go réidh le glór do bhéil.

DOMHNALL DORCHA: [*Ag éirí go tobann agus ag siúl uaithi*]. Lig dom. Ní féidir liom mo ghearán do dhéanamh leatsa. [*Seasann sé agus ardaíonn sé a ghuth ag breathnú ar na spéartha*]. Déanfaidh mé mo ghearán le héanlaith an aeir agus le beithígh an chnoic agus leis na hainmhithe beaga atá ag gríogas[6] i bhféar na páirce. Níl aon mhuintir agamsa leis an gcine daonna. Bórach bosach mé.

MÁIRE MHÓR : [*Go faiteach*]. Cén chaint aisteach í seo? [*Suíonn sí ar an gcloch ar éirigh* DOMHNALL *di*].

DOMHNALL DORCHA: [*Ag filleadh ar ais go dtí a mháthair*]. Cé a labhair riamh liom le grá? Cé a rinne meangadh liom ag siúl an bhóthair nó ag bailiú na feamainne ar an trá? Cé a rinne comhrá liom ar mhóinín féarach agus an ghrian dhearg dá bá sa bhfarraige? [*Imíonn sé síos suas agus buile air fad is atá ag caint*].

MÁIRE MHÓR: [*Beagnach ag gol agus ag tornáil anonn is anall*]. Ó a mhic! a mhic! Céard tá ort? Céard tá ort ar chor ar bith? Nach maith is eol dom gur anró agus cruatan atá faighte agat ón saol …

DOMHNALL DORCHA: [*Go borb*].[7] Diabhlaíocht chaillí.

MÁIRE MHÓR: Ag imeacht leis an maidneachan sa ngeimhreadh nuair a bhí an sioc geal mar a bheadh brat nimhe ar dhroim na leice agus an fharraige scréachta leis an ngaoth.

DOMHNALL DORCHA: [*Ag siúl síos suas i gcónaí go fiáin*]. Sea! Tá caint mhaith agat ach ní hé lá na gaoithe lá na scolb. Tá an diabhal déanta anois agus tá mise lomtha agus is tusa is ciontach.

MÁIRE MHÓR: Mise is ciontach, a mhic?

DOMHNALL DORCHA: [*Ag seasamh os a comhair*]. Sea! Is tusa is ciontach agus an bheadaíocht atá déanta agat ar Bhrian. Nach raibh mise aonraic ag cur an earraigh agus mé i mo sheasamh i gclampar in uime na trá, go muineál sa bhfarraige, préachta ag cromadh ar an dos dearg do ruaigfeadh tharam ar an maidhm, fad is a bhí seisean clúdaithe fé bhrat na leapan?

MÁIRE MHÓR: Ná cuir ormsa a mhilleán sin. Cuir ort féin é chomh maith. Nár cheil tusa freisin ar an anró é? Nach cuimhneach leat an oíche do ghoil tú os cionn a leapan agus é ina ghasúr, nuair a bhí lasair an tinnis ina ghrua agus an chasacht mhallaithe dá phlúchadh?

DOMHNALL DORCHA: Bhuel, agus cén tinneas atá anois air? Ag imeacht go haerach i measc na mban, agus ag pléireachtaigh ar fud an oileáin gan buille maitheasa do dhéanamh.

MÁIRE MHÓR: Nach mbíonn sé ag iascach?

DOMHNALL DORCHA: Céard is fiú an t-iascach?

MÁIRE MHÓR: [*Ag dearcadh suas an bóthar go tobann*]. Éist. Seo anuas Brighid Bhreá agus a hiníon Maighréad Uaibhreach. [*Tagann BRIGHID BHREÁ agus MAIGHRÉAD UAIBHREACH isteach ó thaobh na láimhe clé*].

MÁIRE MHÓR: Dia dhaoibh. Cén chaoi a bhfuil tú, a Bhrighid?

BRIGHID BHREÁ: Dia's Muire dhaoibh. Ó, muise, ní go maith atáim. Tá cosúlacht toirní ar an aer thoir agus tá gnúsacht ag Poll an Iomair.[8] Sin fógra drochaimsire. Beidh stoirm thintrí ann anocht. [*Suíonn* BRIGHID *ar chloch in aice* MHÁIRE *agus dearcann sí ar* DHOMHNALL *go cruinn. Seasann* MAIGHRÉAD *siar ó na mná eile, i ngar do* DHOMHNALL, *ag dearcadh air faoina fabhraí. Ní dhearcann* DOMHNALL *uirthi. Téann sé chuig balla an tí agus ligeann sé guaillí leis, a lámh ina chrios. Tosaíonn* MÁIRE MHÓR *ag cniotáil arís*].

MÁIRE MHÓR: Tá eagla roimh an toirneach orm ó bádh Colm agus mo thriúr mac.

BRIGHID BHREÁ: Go ndéana Dia grásta orthu. Is cothrom na haimsire seo a bádh iad. Is cuimhneach liom go maith é.

MÁIRE MHÓR: Tá siad[9] fiche bliain báite anois.

DOMHNALL DORCHA: Tá agus mise fiche bliain leis an anró.

MÁIRE MHÓR: [*Ag tornáil anonn agus anall ar an gcloch*]. Bhí an lá chomh ciúin agus iad ag dul siar faoi bhun na haille nár bhris gob na curaí cupán cúir ar bharr na farraige.

BRIGHID BHREÁ: [*Ag tornáil freisin agus ag ligean bróin uirthi féin*]. Bhí corcán na spéire gan smál.

DOMHNALL DORCHA: Is furas[10] daoibh a bheith ag gol.

MÁIRE MHÓR: Agus ansan tháinig rop ar an aer thoir.

BRIGHID BHREÁ: Tháinig sé anoir ó Fhaill an Ára[11] agus an fhuaim ag creachadh na spéire.

MÁIRE MHÓR: Do[12] lasc sé an fharraige. Ní raibh le feiscint ach an cúr geal ag éirí as an dorchadas. Taisí geala an anachain ag éirí as an bhfarraige dhubh.

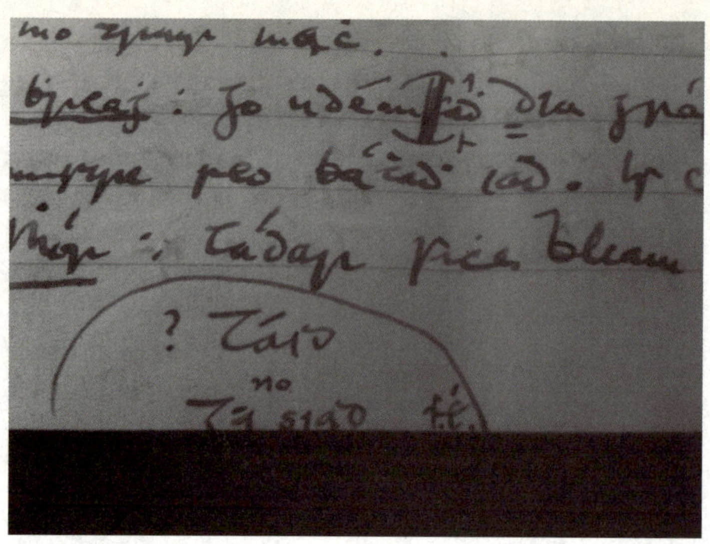


Sampla de théacs Kentucky: Sliocht ón gcéad ghníomh le nóta faoi 'táid', 'tá siad' nó 'tádar'.

BRIGHID BHREÁ: Níor frítheadh[14] riamh iad.

MÁIRE MHÓR: Níor frítheadh. Níor frítheadh gileas[15] mo chroí agus mo thriúr mac. Tá a n-uaigh bháite ar dhomhain na mara agus mo chroí báite leo. Mo bhrón! Mo bhrón!

DOMHNALL DORCHA: Ní cúis bhróin an bás ach cúis áthais. Nach bhfuil siad[16] as pian ach tá mise leis an anró.

BRIGHID BHREÁ: Ná habair é sin,[17] a Dhomhnaill. Ní scairteann grian i ndorchadas an bháis.

MÁIRE MHÓR: [*Ag ardú a cinn agus ag cuimilt a súl lena haprún*].[18] An gcloiseann tú é, a Bhrighid? Nach mallacht é[19] seo atá 'mo leanachtsa?[20] M'fhear agus mo thriúr mac caillte agam agus an bheirt mhac ionúine atá fágtha agam ag fás feirge ina gcroí in aghaidh a chéile.

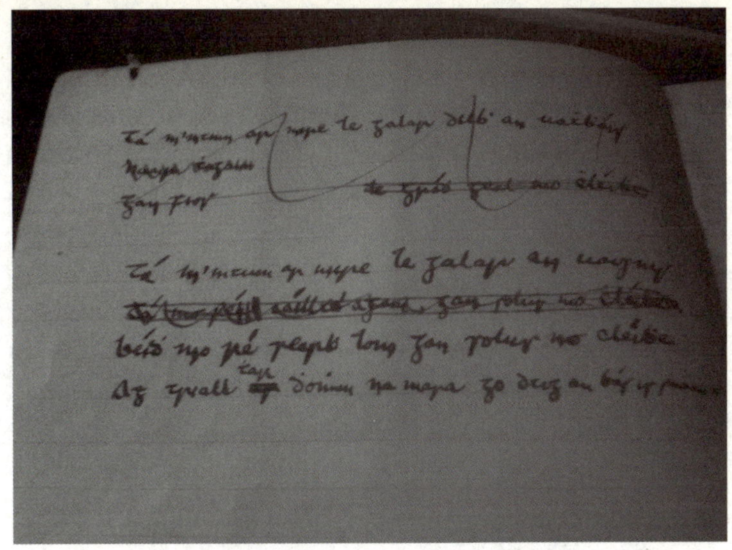

Sampla de théacs Kentucky: Sliocht ón gcéad ghníomh le línte éagsúla scriosta.

BRIGHID BHREÁ: [*Ag tabhairt aghaidhe ar DHOMHNALL*]. Céard seo a chloisim?

DOMHNALL DORCHA: Níl ann ach caint chaillí. Ní fearg atá ag fás i mo chroíse in aghaidh mo dhearthár ach dorchadas atá ag titim orm. Níl rud ar bith ag fás i mo chroíse ach chuile shórt ag dul chun dubhachain.[21]

MÁIRE MHÓR: Mallacht! Mallacht!

BRIGHID BHREÁ: [*Ag ligean feirge uirthi féin*]. Ní freagairt í sin ar chnead croí.

DOMHNALL DORCHA: Ní mallacht ach an bheadaíocht atá déanta agatsa ar Bhrian. Nach mairg dó corp álainn do bheith aige? [*Tugann sé aghaidh go feargach ar MHAIGHRÉAD]*. Corp gan obair é a chorp. [*Síneann sé amach a dhá lámh*] ach tá mise basctha ag an gcruachan.

BRIGHID BHREÁ: [*Ag éirí*].[22] Éist, a stór. Sílim go bhfuil leigheas ar do bhrón. Fág agamsa agus ag do mháthair an scéal. Siúil uait isteach sa tigh, a Mháire. Tá cogar agam duit faoin rud úd an lá cheana. A Mhaighréad, labhair le Domhnall anseo amuigh,[23] a stór. Siúil uait, a Mháire. Níl rud chomh leigheasach le focal milis maighdeana nuair atá cnead i gcroí. Siúil isteach.

MÁIRE MHÓR: [*Ag dul chun an dorais*]. In ainm Dé. [*Breathnaíonn* DOMHNALL *ina diaidh go caidéiseach. Dúntar an doras. Tá* MAIGHRÉAD *ag breathnú ar* DHOMHNALL *agus meangadh ina súile*].

DOMHNALL DORCHA: Cén obair í seo ar bun acu?

MAIGHRÉAD UAIBHREACH: [*Ag siúl chuige go mall aerach*]. Cá bhfios dom? Céard a[24] rinne chomh cantalach seo thú, a Dhomhnaill?

DOMHNALL DORCHA: [*Ag breathnú uirthi go fiáin, a lámha ina chrios agus a chosa scartha*]. Diabhal baineann![25] [*Iompaíonn sé ar a chois agus siúlann sé uaithi dá choiscéim. Seasann sé nóiméad agus ansan suíonn sé síos go tobann ar chloch agus cuireann sé a cheann idir a lámha. Leanann* MAIGHRÉAD *é go mall mealltach. Seasann sí lena thaobh*].

MAIGHRÉAD UAIBHREACH: Nach dícheillí an duine thú, a Dhomhnaill! [*Stad*]. Breathnaigh orm, [*Breathnaíonn sé uirthi go gruama*] – cé nach dtaitním leat?

DOMHNALL DORCHA: Maighréad Uaibhreach! Tá d'éadan álainn ach níl aon trua i do chroí. Tá do chroí chomh crua le leac.

MAIGHRÉAD UAIBHREACH: [*Ag gáire*]. Ó! Nach deas thú!

DOMHNALL DORCHA: Cén mhaith breathnú ort? Ní liomsa a rinne do bhéal meangadh riamh. Magadh agus cathú. Mealladóir.[26]

MAIGHRÉAD UAIBHREACH: [*Ag druidim chuige go raibh sí taobh le taobh leis*]. Nach ciotach í do chaint. [*Go bog*]. Is minic do rinne mise meangadh leat ach …

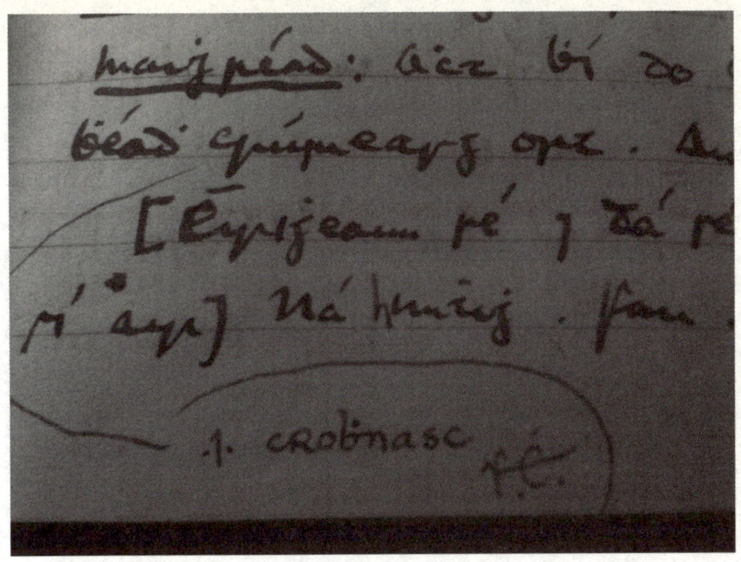

Sampla de théacs Kentucky: Sliocht ón gcéad ghníomh le nóta faoin bhfocal 'crobhnasc'.

DOMHNALL DORCHA: Magadóir!

MAIGHRÉAD UAIBHREACH: Ach bhí do cheann cromtha ar an talamh mar a bheadh crobhnasc[27] ort. An gcloiseann tú mé, a Dhomhnaill? [*Éiríonn sé agus tá sé ag imeacht uaithi nuair a bheireann sí air*]. Ná himigh … fan … éist. Inseoidh mé rud dhuit.

DOMHNALL DORCHA: Cén rud?

MAIGHRÉAD UAIBHREACH: Táir ag caitheamh do shaoil gan sochar agus do cheann le talamh ó mhaidin go hoíche. Tá do shaol folamh gan bhean. Sin é an dorchadas atá tite ort. [*Tosaíonn sé ar chreathadh agus a aghaidh le*[28] *talamh. Tógann sí a lámh dheis*]. Féach ar spreacadh do láimhe. An bhfuil rud ar bith ar an domhan chomh breá le spreacadh láimhe fir? Féach na méaracha[29] móra do mhúchfadh an t-anáil[30] i scornach leoin, agus an fionnadh chomh tiubh le gruaig mná. [*Imíonn sí uaidh beagán agus tugann sé coiscéim ina diaidh*]. Chonaic mé lá thú ag ceansú bulláin do bhí as a mheabhair le teas. Chuir tú lámh ar a adharc agus lámh ina pholláirí agus chas tú a cheann. Bhí mise i mo sheasamh ar chúl claí i measc na mban. Chualas snapadh na gcnámh dá síneadh, mar a bheadh snapadh téide báid lá gairfin. Agus bhí an bullán fiáin ag croitheadh le heagla agus a theanga amuigh. Agus tusa cromtha os a chionn ... díreach mar atá tú ar croitheadh romhamsa anois, a Dhomhnaill.

DOMHNALL DORCHA: A Mhaighréad, labhair focal liom! Labhair!

MAIGHRÉAD UAIBHREACH: Cén focal?

DOMHNALL DORCHA: Focal ó do chroí. Labhair liom!

MAIGHRÉAD UAIBHREACH: Cén sórt focail?

DOMHNALL DORCHA: An bhfuilir geallta do Bhrian?

MAIGHRÉAD UAIBHREACH: [*Ag déanamh gáire bhig*]. Mise geallta do Bhrian?

DOMHNALL DORCHA: Sea! Sea![31]

MAIGHRÉAD UAIBHREACH: Céard do chuir i do cheann é sin?

DOMHNALL DORCHA: Nach bhfuil siad istigh ag déanamh cleamhnasa?[32]

MAIGHRÉAD UAIBHREACH: Cé idir?

DOMHNALL DORCHA: Tusa agus Brian.

MAIGHRÉAD UAIBHREACH: As do chiall atáir?

DOMHNALL DORCHA: An bhfuilir geallta dhó a deirim?

MAIGHRÉAD UAIBHREACH: Nach cuma dhuitse cé dhó atáim geallta. [*Beireann sé greim láimhe uirthi. Cuireann sí béic bheag aisti agus stróiceann sí uaidh í féin dá lascadh lena lámh agus ag fógairt ...*] Ná leag do chrúba bó ormsa, a bhóracháin! [*Ritheann sí anonn uaidh, a hucht ag oibriú. Seasann sé, a chosa scartha, a lámha sínte amach uaidh, ag dearcadh ar a lámha*].

DOMHNALL DORCHA: Crúba bó an ea? … Stróicfinn … [*Ar an bpointe sin cloistear glór ag seinm. Geiteann an bheirt ag éisteacht leis an nglór*].

BRIAN GEALGHÁIREACH: [*Ag triall ar an ardán ó thaobh na láimhe deise, ag teacht ón bhfarraige*].

Ba bhinne mo ghlór ná glór na dtonn
ag seinm ar an bhfarraige dhom.
Bhí éad ar éanlaith le mo ghuth
ag seinm ar an bhfarraige dhom.
Do sheas an t-iasc i mbéal an tsrutha
ag éisteacht le m'amhrán binn.
Bhí solas na gréine ar fud na spéire
ag éisteacht le m'amhrán binn.[33]

[*ar an ardán*]. Maighréad Uaibhreach anseo! Tá éad ar an ngrian.

MAIGHRÉAD UAIBHREACH: Ní Brian Gealgháireach ba chóir do thabhairt ort ach Brian Milis. Cá rabhais?

BRIAN GEALGHÁIREACH: Bhíos ag iascach ar Choradán na Binne Buí.[34]

MAIGHRÉAD UAIBHREACH: Cá bhfuil an t-iasc?

BRIAN GEALGHÁIREACH: D'fhágas ar an leac le glanadh é.

MAIGHRÉAD UAIBHREACH: An raibh mórán agat?

BRIAN GEALGHÁIREACH: Fíorbheagán. Tá drochrud éigin san aimsir.

MAIGHRÉAD UAIBHREACH: Bíonn milleán i gcónaí ag drochiascaire ar an aimsir.

BRIAN GEALGHÁIREACH: B'fhéidir é. Ach tá aistíl éigin air ina dhiaidh sin. Ag dul chun na farraige dhúinn ar maidin bhí an fharraige ina clár mar a bheadh sí brataithe le hola. Anois tá an t-éan aille i bhfolach san aragaint[35] agus na faoileáin ag tornáil na spéire agus iad ag screadach. Tá an t-iasc druidte amach ar an doimhin. Ní raibh le fáil ach an fíogach agus an searrach[36] gorm, salachar na farraige.

MAIGHRÉAD UAIBHREACH: Ní hiontas don iasc rith uait.

BRIAN GEALGHÁIREACH: Cad chuige sin?

MAIGHRÉAD UAIBHREACH: Má bhís ag seinm ar nós coiligh a bheadh tachtam[37] air.

BRIAN GEALGHÁIREACH: [*Ag rith ina diaidh*]. Ha, a ghleacaí! Fan go mbéarfaidh mise ort. [*Ag rith i ndiaidh MHAIGHRÉID do BHRIAN tagann DOMHNALL ina bhealach. Seasann sé roimh BHRIAN go borb.*[38] *Stadann BRIAN agus dearcann sé ar DHOMHNALL go huaibhreach*].

DOMHNALL DORCHA: Lig dhi. Níl cead pleidhcíochta agat ar mo shráidse le mná an bhaile, a dhailtín.

BRIAN GEALGHÁIREACH: Do shráidse, an ea?

DOMHNALL DORCHA: Sea. Mo shráidse.

BRIAN GEALGHÁIREACH: Ní leatsa fós an tsráid ná an teach ach le mo mháthair.

DOMHNALL DORCHA: Ní bheadh sráid ná teach aici mara mbeadh mise ag obair di agus duitse ó mhaidin go hoíche agus tusa ag imeacht gan sochar ná obair.

BRIAN GEALGHÁIREACH: Gan sochar! Nach orm féin a dhonacht[39] sin? Tá an talamh agatsa. Oibrigh é. Nílimse ag cur isteach ort. Is liomsa an iascaireacht.

DOMHNALL DORCHA: Is liomsa an talamh an ea? Nach roinnim leat an cur, bainne na bó, olann na caorach?

BRIAN GEALGHÁIREACH: Gan amhras, ach roinnimse leatsa an t-iasc.

DOMHNALL DORCHA: Tá caint … a … a … mhaith agat … ach … ach tá mise basctha ag an anró agus is agatsa atá a shochar.

BRIAN GEALGHÁIREACH: Seo, seo, a dhearthháir, ná bí ag éagaoin os coinne na gcomharsan.

MAIGHRÉAD UAIBHREACH: Ó, tá mise ag imeacht.

BRIAN GEALGHÁIREACH: Ná himigh, a Mhaighréad. Fan. [*Meangann*[40] *sé léi*].

DOMHNALL DORCHA: Níl aon tsuim agat i mo chaint, ach cuirfeadsa iachall ort suim a chur inti.

MAIGHRÉAD UAIBHREACH: Ó, imeodsa, a Bhriain. Is mise atá ag cur feirge air.

BRIAN GEALGHÁIREACH: Bíodh fearg ar an mbodach.

DOMHNALL DORCHA: Bodach an ea! Bascadh agus bearnú ort a ... [*Ritheann sé chuig* BRIAN *agus ionsaíonn an bheirt deartháireacha a chéile. Tosaíonn* MAIGHRÉAD *ag fógairt agus ag glaoch ar a máthair. Osclaíonn an doras agus ritheann an bheirt bhan amach as an teach. Beireann siad ar na fir*].

MÁIRE MHÓR: A Dhomhnaill! A Dhomhnaill! Ná buail! Ná buail!

DOMHNALL DORCHA: [*Ag cur búir as agus ag iarraidh* BRIAN *do leagan*]. Fan amach!

BRIGHID BHREÁ: Cuir ó chéile iad!

MÁIRE MHÓR: Beir ar lámha air!

BRIAN GEALGHÁIREACH: Lig uait mo lámha!

BRIGHID BHREÁ: Coinnigh ort anois. [*Scarann siad an bheirt*].

DOMHNALL DORCHA: [*Agus an bheirt chailleach i ngreim ann*]. Ligigí chugat[41] mé! an ... an ... an! [*Tugann siad isteach sa teach* DOMHNALL *ag béiceadh. Iadsan ag cur foighne ann. Dúntar an doras go tapa trom*].

BRIAN GEALGHÁIREACH: Foo! Dar fia! Sin buile! [*Déanann sé gáire aerach*]. An raibh eagla ort, a Mhaighréad?

MAIGHRÉAD UAIBHREACH: [*Le heagla*]. Chuile uair a bhreathnaím ar an dá lámh iontacha sin atá aige, tagann eagla orm. Ní bheadh aige ach an dá lámh sin d'fháscadh ar scornach duine agus bhí an t-anam as. Ach ní chuireann tusa suim i rud ar bith.

BRIAN GEALGHÁIREACH: Cén mhaith suim do chur i rud[42] san saol? Tá dorchadas a dóthain san oíche gan a bheith ag dorchú an lae le himní. Fad is a scairteas grian tá mo chroíse aerach.

MAIGHRÉAD UAIBHREACH: Do chroíse! Níl aon chroí agat.

BRIAN GEALGHÁIREACH: Cad chuige sin?

MAIGHRÉAD UAIBHREACH: Is féileacán thú ag eitilt ó bhláth go bláth.

BRIAN GEALGHÁIREACH: Ní hea ach ó chailín go cailín. Sin é atá ag cur briseadh croí ort b'fhéidir?

MAIGHRÉAD UAIBHREACH: Nach agat atá an meas ort féin? Eitil leat. Níl spreacadh fir i do chroí ná i do lámh.

BRIAN GEALGHÁIREACH: B'fhéidir sin. Ach ní gá d'fhéileacán spreacadh a bheith aige le sú na mbláth do bhlaiseadh, sú milis na mban.[43]

MAIGHRÉAD UAIBHREACH: Magadóir gan chiall.

BRIAN GEALGHÁIREACH: Ní magadh ach dáiríribh.

MAIGHRÉAD UAIBHREACH: B'fhéidir sin, mar a deir tú féin. Deirtear nach bhfuil ionat ach leathfhear.

BRIAN GEALGHÁIREACH: [*Go feargach*]. Cé a deir sin?

MAIGHRÉAD UAIBHREACH: Féach ar do láimhín. [*Síneann BRIAN uaidh amach a lámha mar a rinne DOMHNALL*]. Is cosúil le láimhíní boga sleamhna mná do láimhíní. [*Déanann sí gáire agus ritheann sí den ardán, ar thaobh na láimhe deise ag dearcadh ina diaidh agus ag gáire. Leanann BRIAN í go tobann tapa. Stadann sé ag deireadh an ardáin. Cuireann sé a lámha ina ghruaig agus tagann dorchú na feirge ina éadan. Ansin titeann a lámha lena thaobh.*[44]

*Bogann a shúile agus a bhéal agus tagann solas fadbhreathnaitheach an ghrá ina aghaidh. Tosaíonn sé ag*[45] *crith beagán. Labhraíonn sé go híseal bog*].

BRIAN GEALGHÁIREACH: Cad tá ag teacht orm? Tá mo chroí ag bualadh agus tá … Maighréad Uaibhreach … Maighréad. [*Tá stad beag*[46] *eile air agus é ag breathnú amach ar na daoine. Ansin geiteann sé nuair a osclaítear an doras go tobann agus tagann an bheirt bhan amach. Siúlann siad chun taobh na láimhe clé den ardán ag caint. Ní fheiceann siad é*].

BRIGHID BHREÁ: Sin é is fearr dúinn a dhéanamh in ainm Dé.

MÁIRE MHÓR: Níl bean do b'fhearr liom dhó ná í.

BRIGHID BHREÁ: Tá seisean feiliúnach do mhaoi ar bith, ag cur nó ag baint nó ag cumhdach árais.

MÁIRE MHÓR: Tá Domhnall ina fhear maith gan amhras.

BRIGHID BHREÁ: Agus tá Maighréad chomh santach i dtigh …

MÁIRE MHÓR: Ó go deimhin ní gá duit … [*Imíonn siad den ardán*].

BRIAN GEALGHÁIREACH: [*Ag rith trasna an ardáin*].[47] Tá an diabhal déanta anois. [*Stadann sé go tobann. Tá* DOMHNALL *ina sheasamh sa doras. Políonn* BRIAN. *Dearcann an bheirt deartháireacha ar a chéile ar feadh dhá nóiméad nó mar sin*].

[*Titeann an brat*].

RADHARC: *Solas dearg ag bun le fuineadh na spéire thiar.*[48] *Tá* BRIAN *ina shuí taobh amuigh den teach, ar dheis an dorais, a cheann idir a lámha aige agus é ag crónán 'Máirín de Barra' go dubhrónach. Tagann* MÁIRE MHÓR *amach chuige.*

MÁIRE MHÓR: Éirigh suas as sin, a mhic. Cén mhaith dhuit[49] briseadh croí a bheith ort? Tar isteach agus caith greim. Tar! Ó, a mhic, a mhic! Tabhair géill do do mháthair! Ná bris mo chroí ionam! Tar!

BRIAN GEALGHÁIREACH: Lig dhom féin, a mháthair. Lig dom.

MÁIRE MHÓR: [*Ag siúl go dubhrónach amach i lár an ardáin, agus ag croitheadh a lámh*]. Ochón! ochón! Ar tógadh an dorchadas de chroí Dhomhnaill lena chur ar Bhrian? Tá seisean imithe i ndiaidh na bó agus gliondar air agus mo Bhriainín …

BRIAN GEALGHÁIREACH: [*Ag éirí go tobann*]. Nach mairg dó gliondar a bheith air agus tusa tar éis mo chailín do mhealladh uaim lena shásamh.

MÁIRE MHÓR: [*Ag iompú air*]. Ná hábair é, a chuid. Cá raibh a fhios agamsa go rabhais i ngrá le mnaoi[50] ar bith ní hé amháin léise? Shaoileas gur éad a[51] bhí aige leat i dtaobh na hoibre. Dá mbeadh a fhios agam sin … ach céard do b'fhéidir a dhéanamh? Ó, a Bhriain, tá mo chroí cráite. [*Suíonn sí ar chloch*]. An donacht atá déanta agam i leaba maitheasa. A Dhia mhór na glóire, freagair mé. Beirt mhac ionúine agus máthair a ghránn iad araon chomh dílis. Nach deacair, deacair é mo chás? [*Tosaíonn sí ag gol os ard*].

BRIAN GEALGHÁIREACH: [*Ritheann sé anonn chuici agus cuireann sé lámh ar a gualainn*]. A mháthair! a mháthair![52] Créachtar mo chroí nuair do ghoileann tú. Éist, a mháthair! Éist! Déanfad rud ar bith ar an domhan dhuit ach ná goil.

MÁIRE MHÓR: [*Ag cuimilt a súl*].[53] Ná tóg orm é, a mhic. Bhris an deoir faoi mo shúil gan bhuíochas dom.

BRIAN GEALGHÁIREACH: [*Ag dul ar leathghlúin*]. Is mise is ciontach, a mháthair. Níl aon chleachtadh agam ar an bhfulaingt. Cheil tusa agus Domhnall ar an bhfulaingt mé ó rugadh mé. Ach tá rabhartha bróin anois ag déanamh fuarlocha[54] timpeall mo chroí. 'Sé mo chéad doilíos é. Is soiléir dom anois go dtagann an doilíos sin uair éigin i gcroí an duine. Ní fhásann spreacadh intinne gan doilíos croí.

MÁIRE MHÓR: A ghile na gile, nach aoibhinn liom glór do bhéil!

BRIAN GEALGHÁIREACH: A mháthair, is … [*Stadann sé nuair a fheiceann sé DOMHNALL ag teacht ar an ardán ó thaobh na láimhe deise*]. A dhearthair! [*Éiríonn BRIAN ina sheasamh. Éiríonn MÁIRE. Seasann DOMHNALL. Breathnaíonn an triúr ar a chéile ar feadh tamaill. Ansin siúlann Brian sall chuig Domhnall*]. An bhfuil olc fós agat dhom, a Dhomhnaill? [*Dearcann DOMHNALL go borb air ar dtús. Ansin dearcann sé ar a mháthair agus bogann a éadan. Tá sé ag troid ina chroí le holc is grá do BHRIAN*].

MÁIRE MHÓR: Labhair leis, a Dhomhnaill. Impím ort é, a mhic. Tagaigí chun a chéile anois. Cuir áthas ar chroí brónach do mháthar, a chuisle. Níl agam ach an bheirt agaibh sa saol. [*Tosaíonn DOMHNALL ar chreathnú agus ag cuimilt a lámh ar a éadach. Ansin labhraíonn sé go tobann, a ghlór fiáin, beagnach briste*].

DOMHNALL DORCHA: Níl aon olc agam dhuit, a Bhriain.

MÁIRE MHÓR: Moladh le Dia na glóire. Tá mo chroí aerach arís. Fágfad le chéile sibh, a stóracha, go ndéana sibh an tsíocháin go ceanúil sula thiocfas lucht an chleamhnasa.[55] Ba chóir dhóibh bheith ar an mbealach anois. Gabhfad suas an bóthar rompu. [*Imíonn sí den ardán. Seasann an bheirt deartháireacha go ceann tamaill ag dearcadh uathu, a lámha taobh thiar dá ndroim, na méaracha*[56] *ag corraí go tapa. Ar deireadh labhraíonn* DOMHNALL].

DOMHNALL DORCHA: Is millteach an teas atá ann. [*Geiteann* BRIAN. *Ní bhreathnaíonn sé ar* DHOMHNALL]. Tá. Tá an t-aer ag dorchú. [*Stad eile. Díreach mar a bhí roimhe*].

BRIAN GEALGHÁIREACH: Ag athrú na bó a bhís?

DOMHNALL DORCHA: Sea. [*Stad*]. Ní bheidh sé in araíocht agat dul ag iascach anocht?

BRIAN GEALGHÁIREACH: Ní cheapaim go mbeidh. Tá bogadh mór sa bhfarraige ag gob an chlochair.[57] [*Stad eile. Síleann* BRIAN *dul go dtí a dhearthár ach corraíonn* DOMHNALL *ar an nóiméad sin, é féin ag brath ar dhul go dtí* BRIAN. *Geiteann an bheirt ag dearcadh ar a chéile. Seasann siad ar creathadh. Ansin tugann* DOMHNALL *coiscéim ar aghaidh, a éadan bogtha le gean do* BHRIAN. *Bhí a bhéal ar bhrat labhartha nuair do chualathas glór ard i bhfad ar gcúl. Díríonn an bheirt deartháireacha go crua*].

MÁIRE MHÓR: [*I bhfad*]. Céad fáilte romhaibh.

DOMHNALL DORCHA: Tá sí ag teacht.

BRIAN GEALGHÁIREACH: A Dhomhnaill! [*Ní thugann* DOMHNALL *aird ar bith air. Tá sé ag éisteacht*]. A Dhomhnaill, a deirim! An bhfuil sí i ngrá leat?

DOMHNALL DORCHA: [*Ag iompú air go tobann, bog, lag, simplí*]. A dhearthháirín,[58] fág agam í. Fág agam í. Ná tagadh sí idir mé agus tú. A … [*Stadann sé arís nuair a chloistear glór* BHRIGHIDE BREÁTHA *ag teacht isteach ar an ardán*].

BRIGHID BHREÁ: Tá an ghrian lag, gruama. Tá scamall ar a haghaidh, scamall dubh an oilbhéis[59] ag dorchú na spéire. [*Chíonn sí an bheirt deartháireacha*]. Go gcumhdaí Dia sibh araon.

DOMHNALL & BRIAN: Go mba hé dhaoibh. [*Siúlann* BRIGHID BHREÁ, MÁIRE MHÓR *agus* MAIGHRÉAD UAIBHREACH *trasna an ardáin*].

MÁIRE MHÓR: Siúil uaibh[60] isteach sa tigh.

BRIGHID BHREÁ: Ní raghad go fóill. Nuair atá fearg sa gcroí is cóir é do ghlanadh amach faoi áras mór na spéire, áit a mothaíonn an t-anam breáthacht an domhain. Caithfear síocháin do dhéanamh ar dtús, a Mháire, mar ní cleamhnas cleamhnas gan síocháin.

MÁIRE MHÓR: Ó! Cuir as do cheann an ceapadh sin, a Bhrighid. Má bhí éad agus fearg idir mo bheirt mhac níl sin amhlaidh anois. Tá síocháin déanta eatarthu, moladh le Dia.

BRIGHID BHREÁ: An fíor sin, a Dhomhnaill?

DOMHNALL DORCHA: Is fíor.

BRIGHID BHREÁ: An fíor sin, a Bhriain?

BRIAN GEALGHÁIREACH: Is fíor, ach …

BRIGHID BHREÁ: Ach céard?

MÁIRE MHÓR: A Bhriain, a Bhriain! Impím ort.

BRIGHID BHREÁ: Lig dhó, a deirim.

DOMHNALL DORCHA: A dhailtín, céard tá …

MÁIRE MHÓR: Ná tosaigh air, a Dhomhnaill.

BRIAN GEALGHÁIREACH: Lig dhom mo chaint a[61] rá.

BRIGHID BHREÁ: Ní síocháin í seo, a Mháire.

DOMHNALL DORCHA: Bhuel, ná cuir an milleán ormsa.

BRIAN GEALGHÁIREACH: Lig dom labhairt a deirim. Níl uaim ach focal.

BRIGHID BHREÁ: Abair an focal.

BRIAN GEALGHÁIREACH: Ba mhaith liom ceist a[62] chur ar Mhaighréad.

DOMHNALL DORCHA: A dhiabhail, nár gheall tú dhom ...?

BRIGHID BHREÁ: Réiteach, a dhuine.

BRIAN GEALGHÁIREACH: Chuir mé ceist ortsa[63] nár fhreagair tú.

DOMHNALL DORCHA: Thug tú éitheach.

BRIGHID BHREÁ: Ná bac leis, a Bhriain, ach cuir do cheist. [*Tá stad beag eile ann*].[64]

BRIAN GEALGHÁIREACH: An bhfuilir i ngrá le Domhnall, a Mhaighréad? [*Geiteann MAIGHRÉAD agus tagann sí go ceann an ardáin, i lár báire, a dá láimh ar a cliabh, ag dearcadh amach ar na daoine. Tá chuile dhuine ag dearcadh uirthi. Iompaíonn siad chuici go tobann díreach mar a bheadh rud éigin aisteach faighte acu go tobann ina n-intinn, fios millteach i dtaobh rud éigin do bhí amú orthu go dtí seo. Tá stad ann*].

BRIGHID BHREÁ: Labhair, a iníon ó. [*Go mall righin*]. Nár dhúraís liom go rabhais toilteanach lena phósadh? [*Iompaíonn MAIRGHÉAD orthu go tobann*].

MAIGHRÉAD UAIBHREACH: Dúras ach ... [*go híseal*]. Níl a fhios agam.

MÁIRE MHÓR: [*Go feargach*]. Céard seo?

BRIGHID BHREÁ: [*Go feargach*]. A iníon!

MAIGHRÉAD UAIBHREACH: [*Go cráite; go huaibhreach san am céanna*]. An daor mé gur féidir libh mé d'athrú ó theach go teach agus ó mháistir go máistir in aghaidh mo thola?

DOMHNALL DORCHA: Ná dúirt tú liom ar ball ...

MAIGHRÉAD UAIBHREACH: Céard a dúras leat?

BRIAN GEALGHÁIREACH: Sea?

MAIGHRÉAD UAIBHREACH: [*Ag síneadh a lámh suas*]. Ó! Tá mo chroí cráite agus is orm féin a mhilleán. [*Ag síneadh a lámh chuig a máthair*]. A mháthair, cén fáth a bhfuilir ag dearcadh orm mar sin? Lig dom labhairt le Domhnall. Imígí uaim sibhse ar fad.

BRIGHID BHREÁ: Sin é is fearr dúinn a dhéanamh, a Mháire. Réitigh siad eatarthu féin é. Téimis isteach sa tigh.

MÁIRE MHÓR: A chailín, impím ort … [*Beireann BRIGHID BHREÁ uirthi*].

BRIGHID BHREÁ: Siúil uait, a Mháire. Siúil uait, a Bhriain. [*Tá BRIAN ag brath dul isteach leo ach breathnaíonn sé ar MHAIGHRÉAD agus seasann sé. Labhraíonn sé os ard*].

BRIAN GEALGHÁIREACH: An bhféadfainn focal do labhairt leat ar dtús, a Mhaighréad?

MÁIRE MHÓR: Tar linn, a Bhriain.

BRIAN GEALGHÁIREACH: Ní raghad.

MAIGHRÉAD UAIBHREACH: Caithfead labhairt le Domhnall ar dtús, a Bhriain. [*Stad*].

BRIAN GEALGHÁIREACH: Dhéanfadh sin mé. Raghad ar chúl an tí go mbeidh sibh réidh. [*Imíonn BRIAN timpeall na binne. Téann an bheirt bhan isteach sa teach. Dúntar an doras. Siúlann MAIGHRÉAD go taobh clé an ardáin. Stad*].

MAIGHRÉAD UAIBHREACH: Cén fáth ná labhraíonn tú liom, a Dhomhnaill? [*Tagann DOMHNALL go lár an ardáin. Dearcann sé uaidh ar na daoine, a shúile ag dul anonn is anall, a éadan ag oibriú*].

DOMHNALL DORCHA: Ní fear cainte mé.

MAIGHRÉAD UAIBHREACH: Nach bhfuil rud ar bith le rá agat?

DOMHNALL DORCHA: A Dhia! Bíonn rud éigin i gcónaí ag bun mo scornaí ag teacht i m'aghaidh nuair a shílim caint ó mo chroí. Tá sruth cainte i mo chroí ach tá sé reoite. Níor labhras riamh ó mo chroí. Ag bleán na bó sa tráthnóna agus na héanlaith ag seinm ar an gcraobh agus boladh milis na bó ag cur aoibhnis ar mo chroí, agus an domhan mór ar fad suaimhneach codlatach, ba ... ba ... ba mhaith liom glaoch os ard ... ach níor fhéadas riamh.

MAIGHRÉAD UAIBHREACH: [*Ag teacht chuige*]. An bhfuilir i ngrá liom, a Dhomhnaill?

DOMHNALL DORCHA: [*Ag iompú chuici*]. Dhéanfainn obair dhuit go gcríonódh an craiceann ar mo lámha agus go lúbfadh slat mo dhroma leis an anró.

MAIGHRÉAD UAIBHREACH: Ach ... ach ... nach bhfuil focal ar bith eile agat le rá liom?

DOMHNALL DORCHA: Cén focal? An faoin talamh ... Is liomsa gach uile fhód de. Creidim go mbeidh Brian ina chónaí sa tigh go ...

MAIGHRÉAD UAIBHREACH: Stad! Stad! [*Tagann DOMHNALL anall, a lámha sínte chuici, é ar croitheadh*].

DOMHNALL DORCHA: A Mhaighréad! [*Tá éadan DHOMHNAILL fiáin le dúil. Féachann sí air agus tagann eagla uirthi. Imíonn sí uaidh trasna an ardáin agus eagla uirthi, eisean ina diaidh ag fógairt go híseal tiubh*]. A Mhaighréad! A Mhaighréad!

MAIGHRÉAD UAIBHREACH: [*Ag binn*[65] *an tí, a guth briste*]. A Bhriain! Gabh i leith! Fan uaim, a Dhomhnaill! [*Stadann DOMHNALL. Ritheann BRIAN amach ar an ardán ó bhinn an tí. Dearcann seisean agus DOMHNALL ar a chéile*].

DOMHNALL DORCHA: [*Le BRIAN*]. Táir ag teacht eadrainn.

BRIAN GEALGHÁIREACH: Níl uaim[66] ach dhá fhocal le labhairt.[67] Ansin imeod … i ndiaidh mo chinn romham.

DOMHNALL DORCHA: Labhair os mo chomhair.

BRIAN GEALGHÁIREACH: Ní féidir sin. As ucht Dé ort …!

DOMHNALL DORCHA: Tá feall dá cheapadh agat.

BRIAN GEALGHÁIREACH: Creid mé, a dheartháir. Is ar son mo mháthar …

DOMHNALL DORCHA: Imigh! Imigh leat! Ná tar eadrainn!

MÁIRE MHÓR: [*Ag rith amach as an teach*]. Céard seo? Céard seo?

MAIGHRÉAD UAIBHREACH: [*Ag rith chuici*]. Tabhair leat isteach Domhnall.

BRIAN GEALGHÁIREACH: Níl uaim ach dhá fhocal … [*Ritheann BRIGHID BHREÁ amach*].

MÁIRE MHÓR: Tar isteach, a Dhomhnaill! Ná heitigh é!

BRIGHID BHREÁ: Tar, a chuid. [*Tugann siad isteach eatarthu é. Dúntar an doras. Ritheann BRIAN go dtí MAIGHRÉAD agus págann sé a lámha*].

BRIAN GEALGHÁIREACH: Ó, a aoibhneas an tsaoil …

MAIGHRÉAD UAIBHREACH: Á, a Dhia na glóire! [*Dearcann siad i súile a chéile*].

BRIAN GEALGHÁIREACH: Anois nuair atáir imithe uaim is ea is feasach dom gur tú mo ghrian de ló agus mo ghealach ag soilsiú na hoíche.

MAIGHRÉAD UAIBHREACH: [*Go bog, íseal*]. Níor chualas an fhuaim sin i do ghuth riamh. [*Pógann sé a gruaig go righin, mall*]. [*Í ag críochnú*]. Cén cheist do bhí agat le cur orm?

BRIAN GEALGHÁIREACH: Anois nuair atáir chomh gar seo dhom, in uaigneas, níl ceist agam le cur ort ach ceist nach féidir liom do chur, ó táir imithe uaim.

MAIGHRÉAD UAIBHREACH: [*Go lag*]. Imithe uait?

BRIAN GEALGHÁIREACH: Imithe! Imithe! Agus mise le himeacht uaitse ar fán fada agus ar seachrán. Is le mo dhearthháir thú anois.

MAIGHRÉAD UAIBHREACH: Ní leis fós mé.

BRIAN GEALGHÁIREACH: Ba mheata an fear mise dá … Tá mo shaol basctha orm.

MAIGHRÉAD UAIBHREACH: Ó tuige nár labhair tú cheana liom mar seo …?

BRIAN GEALGHÁIREACH: Bhí éad orm. Cheapas nach …

MAIGHRÉAD UAIBHREACH: Tubaiste is anachain! [*Stad. Sileann deora léi. Éiríonn BRIAN agus siúlann anonn chuici*].[68] An bhfuilir i ngrá liom?

BRIAN GEALGHÁIREACH: Táim i ngrá le chuile dheoir fola i do chorp. Mothaím sámhas ar an aer féin atá timpeall ort.

MAIGHRÉAD UAIBHREACH: Ó, a chú na mara! Is leat mo chroí agus m'anam. [*Cuireann sí a lámha ar a ghualainn*]. Tóg leat mé.

BRIAN GEALGHÁIREACH: Ná meall mé!

MAIGHRÉAD UAIBHREACH: Le mo dhá lámh déanfad freastal ort. Mura mbeidh againn ach áras na spéire ní bheidh éad orm le rí ina háilleacht fad is a bheidh tú i m'aice. M'iascaire aerach!

BRIAN GEALGHÁIREACH: [*Ag iarraidh filleadh uaithi*]. Ní féidir sin do bheith. [*Cuireann sí a lámha timpeall a mhuiníl*].

MAIGHRÉAD UAIBHREACH: Mo laoch! A chuid mo chroí! Tabhair leat mé.

BRIAN GEALGHÁIREACH: Ná meall mé! Tá an feall déanta anois agus sinne scartha óna chéile.

MAIGHRÉAD UAIBHREACH: Ní scarfaidh aon ní sinn ach an bás.

BRIAN GEALGHÁIREACH: Tá rud níos measa ná an bás.

MAIGHRÉAD UAIBHREACH: Cén rud?

BRIAN GEALGHÁIREACH: Náire.

MAIGHRÉAD UAIBHREACH: Tá eagla ort.

BRIAN GEALGHÁIREACH: Cé roimhe?

MAIGHRÉAD UAIBHREACH: Domhnall Dorcha. [*Stad. Scarann siad. Dearcann sé ar an talamh*].

BRIAN GEALGHÁIREACH: Ní eagla atá orm ach náire. [*Déanann MAIGHRÉAD éagaoin bheag aisteach tharcaisneach*]. Ní chreideann tú mé, a Mhaighréad?

MAIGHRÉAD UAIBHREACH: Tar éis an méid a dúrais ar ball beag, nach suarach an leithscéal é seo atáir ag gabháil liom? Slogann grá doimhin náire agus eagla ina doimhneacht. Níl náire ná eagla orm roimh aon rud sa saol, a Bhriain, ach amháin mé a bheith in aice leat.

BRIAN GEALGHÁIREACH: Á, a Thiarna Dia! Inné nó ar maidin inniu do ghluaisfinn leat go haerach go deireadh an domhain. Ach anois … ní leis an ádh do rugadh mé. Níl romham ach an éagaoin.

MAIGHRÉAD UAIBHREACH: Ó! Is meata[69] í do chaint. Is féileacán thú do phréachtar le chéadghaoth an fhómhair. Tá eagla ort.

BRIAN GEALGHÁIREACH: Níl, ach grá do Dhomhnall do chothaigh mé agus do mo mháthair a mbeadh croí cráite aici dá …

MAIGHRÉAD UAIBHREACH: Nach treise grá ná máthair nó deartháir? Ní thagann grá ach uair. Ná ligimis uainn é.

BRIAN GEALGHÁIREACH: Bíodh trócaire agat orm. Tá m'intinn ar mire le huafás. A chuisle! Anois nó riamh caithfead maith do dhéanamh ar son na maitheasa atá déanta dhom, agus fulaingt ar son an fhulaint.[70] Slán … slán agat.[71] [*Pógann siad a chéile*[72] *go dlúth]*.

MAIGHRÉAD UAIBHREACH: Ná himigh! Tabhair leat mé! [*Titeann sí ar a glúine agus a lámha timpeall air*].

BRIAN GEALGHÁIREACH: Lig ar shiúl mé! Lig uait mé! [*Stróiceann sé uaithi é féin agus ritheann sé den ardán*].

MAIGHRÉAD UAIBHREACH: [*Ag síneadh a lámh ina dhiaidh os ard, ar mire*]. A Bhriain! Tar ar ais! Tar ar ais! Táim ag tachtadh. A Bhriain! [*Caitheann sí ar an talamh í féin agus tosaíonn sí ag bualadh na talúna agus ag béiceadh*]. Tar ar ais! Ó! Ó! Ó! [*Ritheann an bheirt bhan amach as an teach,* DOMHNALL *ina ndiaidh. Cromann siad uirthi. Crochann siad suas í, ag fógairt*].

AN BHEIRT BHAN: Céard seo? Céard seo?

MAIGHRÉAD UAIBHREACH: [*Idir lámha*]. Ó! Ó! Ó! Tá sé imithe uaim. Tabhair ar ais é!

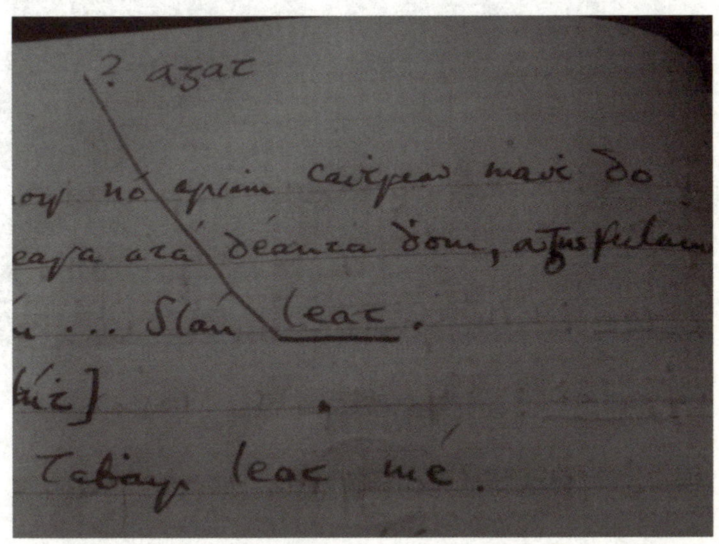


Sampla de théacs Kentucky: Sliocht ón dara gníomh le nóta faoi 'agat' agus 'leat'.

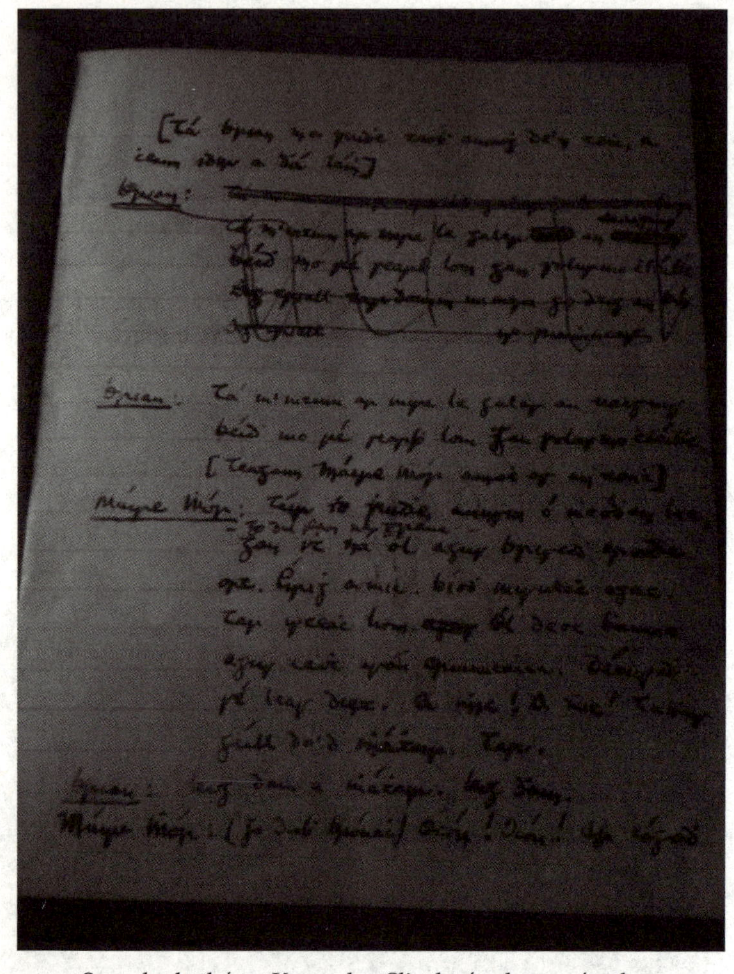

Sampla de théacs Kentucky: Sliocht ón dara gníomh
le línte scriosta amach.

AN BHEIRT BHAN: [*Dá tabhairt chuig an tigh*]. Éist, a stór! Éist!

MAIGHRÉAD UAIBHREACH: Tabhair ar ais é! Tabhair ar ais é! [*Imíonn siad isteach an doras. Tá* DOMHNALL *aonarach ar an ardán, scaradh cosach, fiáin, a lámha oscailte os a chomhair mar a bheadh sé ag brath ar dhuine do thachtadh*].

DOMHNALL DORCHA: [*Os íseal, fiáin*]. Má thagann …

[*Brat*].

[*Solas na gealaí. An dorchadas ag méadú lasmuigh de réir a chéile.*[73] *Solas buí istigh sa teach. Tagann* MAIGHRÉAD *amach as an teach go tobann. Iompaíonn sí isteach ar an tairseach, a lámh ar an laiste*].

MAIGHRÉAD UAIBHREACH: Nílim ach ag dul amach ar an tsráid nóiméad beag.

GLÓR BHRIGHIDE BREÁTHA: Ná bí i bhfad amuigh faoi fhuacht na hoíche, a stór. [*Dúnann* MAIGHRÉAD *an doras ina diaidh. Tá dorchadas trom tite. Tá an oíche ciúin, te, tafanntach,*[74] *gan néal, gan ghealach, gan torann. Dearcann sí timpeall uirthi ar an oíche agus í ag siúl amach ar an ardán*].

MAIGHRÉAD UAIBHREACH: Nach uafásach an chosúlacht atá ar an oíche? Chuile rud chomh ciúin leis an mbás. [*Stadann sí ag éisteacht, ag dearcadh roimpi. Ansin ligeann sí osna throm agus buaileann sí a lámha ar a héadan. Tosaíonn sí ar chreathadh*]. Faraor nach é an bás atá romham i leaba[75] … [*Siúlann sí cúpla coiscéim*]. Tá sé istigh ansin anois ina shuí ar stól, a lámha móra leagtha ar a ghlúine, a bhéal oscailte, a shúile leathdhúnta, ar nós ainmhí ar faire. [*Stad*]. Ar faire ormsa. [*Stad eile*]. A Thiarna Dia! Céard … [*Go tobann*]. Rithfead. Rithfead. Ach … cá raghad? Cá háit?[76] A Mhaighdean! [*Geiteann sí mar ar an bpointe sin tagann* BRIAN *isteach ar an ardán. Cuireann sí a lámha ar a scornach*].

BRIAN GEALGHÁIREACH: A Mhaighréad! Sh! Is mise atá ann. Éist. [*Ritheann sé chuici ag dearcadh ar an teach go faiteach. Tógann sé ina lámha í agus pógann sé í. Luíonn sí marbh ina lámha, a ceann siar*]. [*Go híseal*]. A chuid mo chroí! Mo chuisle! B'éigean dom teacht ar ais. Ní fhéadfainn scaradh leat. A Mhaighréad! Cá bhfuil siad?

Maighréad Uaibhreach: [*Ag filleadh uaidh*]. Imigh! Imigh uaim! Imigh! A rud mheata fhealltach, imigh uaim. Ag teacht anois nuair atá mé … le do chuid bladaireachta … [*Beireann sé uirthi, go fiáin agus cuireann sé lámh ar a béal*].

Brian Gealgháireach: Éist! Éist! Caithfir teacht liom. An gcloiseann tú? Tá an curach ar an leac agam, na … na maidí rámha ar na cnoga. Níl againn ach í do shá amach. Beimid ar an Oileán Aerach sula éireos an fharraige.

Maighréad Uaibhreach: A amadáin … ag iarraidh mé a mharú atáir.

Brian Gealgháireach: Níl aon chontúirt …

Maighréad Uaibhreach: Imigh go beo sula …

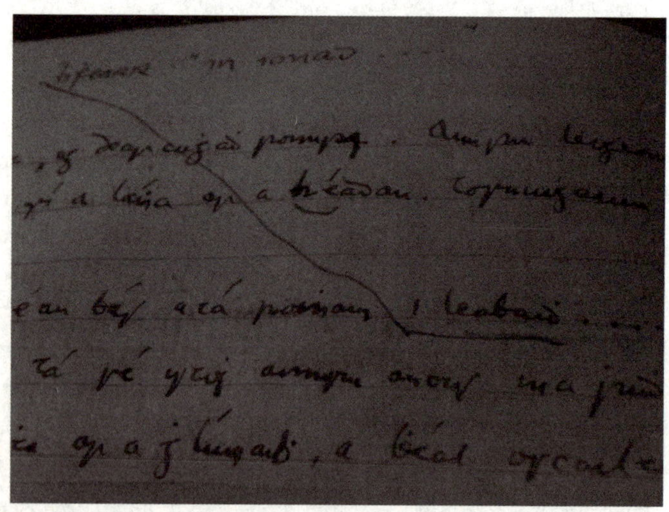

Sampla de théacs Kentucky: Sliocht ón treas gníomh le nóta faoi 'in ionad' agus 'i leabaidh'.

BRIAN GEALGHÁIREACH: B'fhearr liom an uaigh[77] ...

MAIGHRÉAD UAIBHREACH: Beimid araon marbh má fhaigheann Domhnall amach ...

BRIAN GEALGHÁIREACH: [*Faoi chuthach*]. Domhnall! Ag an diabhal go raibh sé.

MAIGHRÉAD UAIBHREACH: Leanfaidh sé sinn.[78]

BRIAN GEALGHÁIREACH Ní fhéadfadh sé. Ní raibh sé i gcurach riamh agus beidh sé ina stoirm i leathuair. [*Anseo an spéir ag dorchú*].

MAIGHRÉAD UAIBHREACH: Imigh uaim! [*Filleann sí uaidh chuig an doras*].

BRIAN GEALGHÁIREACH: [*Ag síneadh a lámh chuici*]. Mara dtiocfair liom, bead báite roimh an maidneachan. [*Stadann sí. Casann sí. Tagann sí chuige ag rith. Pógann siad a chéile go fiochmhar. Ansin, go tobann pléascann toirneach, cnap bodhar i bhfad ar shiúl. Geiteann siad, tá stad nóiméad beag. Iad ag dearcadh uathu go faiteach. Ansin tagann glór* BHRIGHIDE BREÁTHA *as an teach*].

BRIGHID BHREÁ: [*Istigh*]. Gabh isteach, a iníon. [*Geiteann siad arís. Beireann* BRIAN *timpeall uirthi agus ritheann siad den ardán isteach sa dorchadas. Titeann a chaipín de* BHRIAN. *Pléascann cnap agus cnap eile toirní. Osclaíonn an doras agus tagann* BRIGHID BHREÁ *amach*].

BRIGHID BHREÁ: Go sábhála Dia sinn! Tá an spéir dá réabadh. A Mhaighréad! Cá bhfuil tú? A Mhaighréad, a deirim. [*Stad. Tagann scanradh ar* BHRIGHID]. A iníon, cá bhfuil tú? Cá bhfuil tú? [*Tagann* MÁIRE MHÓR *agus* DOMHNALL *amach. Pléascann cnap eile*]. Níl tuairisc uirthi. Ó, a iníon!

DOMHNALL DORCHA: [*Go fiáin*]. Tá sí imithe.

MÁIRE MHÓR: Bíodh foighne agaibh ... Cá mbeadh sí imithe?

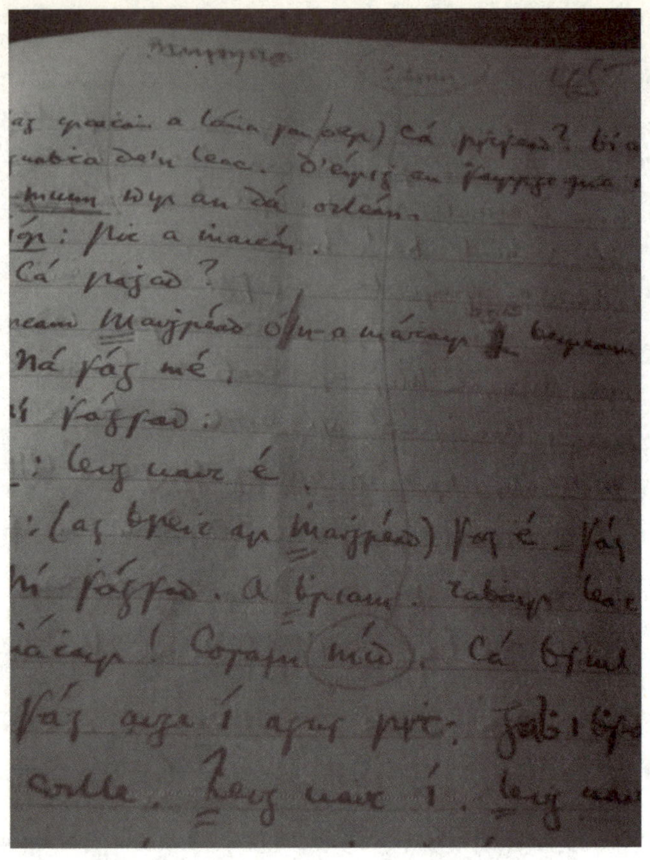

Sampla de théacs Kentucky: Sliocht ón treas gníomh le nóta faoi 'sinn' agus 'muid'.

DOMHNALL DORCHA: [*Ar buile*]. Tá sí imithe leis. Tháinig sé ar ais …

BRIGHID BHREÁ: A chailleach na bhfiacla buí! Nach orm a bhí an cleabhar[79] lá a chuireas cos ar do thairseach.

MÁIRE MHÓR: Maróidh mé thú, a dhiabhail!

BRIGHID BHREÁ: Tá mallacht ar do theach.

MÁIRE MHÓR: Bí ag imeacht, a dhiabhail. Dá dtógfá t'iníon[80] mar is ceart …

BRIGHID BHREÁ: A choca na leisce ...[81]

MÁIRE MHÓR: Ag imeacht agus tóin in airde aici ...[82]

BRIGHID BHREÁ: Sactha sa luath a bhís nuair ba chóra dhuit ...

MÁIRE MHÓR: Ríméad is éirí in airde is ...

BRIGHID BHREÁ: Tá mac leat ina bhobarún bosach agus ...

DOMHNALL DORCHA: [*Ag teacht go tobann as an teach, scian ina lámh, ag cur búir as*]. Beidh marú ann! Beidh a anam agam! [*Geiteann an bheirt bhan. Síleann siad breith air agus é ag rith thart*].

MÁIRE MHÓR: A mhaicín! A mhic! [*Imíonn DOMHNALL tríd an dorchadas. Tosaíonn MÁIRE MHÓR ag screadach, ag rith ina dhiaidh agus a dá lámh sínte amach uaithi. Ritheann BRIGHID BHREÁ ina diaidh agus scanradh uirthi. Beireann sí ar MHÁIRE. Beireann siad ar a chéile. Tosaíonn siad araon ag caoineadh, os íseal agus os ard, an caoineadh ag ísliú is ag éirí mar chaoineadh na marbh*].

BRIGHID BHREÁ: Och ... och ... ochón ... m'iníon álainn, mo mhuirnín ghlé-é-gheal ...

MÁIRE MHÓR: Och ... och ... ochón ... mo chlann ... mo chlann ... agus mise líonrith.[83]

BRIGHID BHREÁ: Cá raghad ar do th-óir? Cá dtabharfad m'aghaidh ar maidin?[84] [*Cnap millteach toirní. Cnap eile. Druideann an bheirt bhan in aice an tí. Imíonn siad óna chéile. Tosaíonn siad ag rith anonn is anall ag caoineadh*].

MÁIRE MHÓR: Nach orm atá an mhallacht ...

BRIGHID BHREÁ: Och ... och ... ochón mo Mhaighréad ...

MÁIRE MHÓR: Nach mé atá crá-ite agus gan ...

BRIGHID BHREÁ: A linbh mo chroí, tú imithe uaim.

MÁIRE MHÓR: Gan duine fágtha agam ag deireadh mo shaoil.

BRIGHID BHREÁ: Faoi dhorchadas an domhain, bead cráite.

MÁIRE MHÓR: Dúnmharú is bá agus mise ag éagaoineadh.

BRIGHID BHREÁ: An spéir dá lúbadh is tú 'do ruaigeadh.

MÁIRE MHÓR: Fulaingt, fulaingt agus brón ...

BRIGHID BHREÁ: Fán fada is íospairt mara, óch ... ochón

MÁIRE MHÓR: Och ... och ... ochón, mo bheirt mhac ghléigeala.

BRIGHID BHREÁ: Och ... och ... ochón, m'iníon aerach ... [*Ag deireadh an olagóin castar an bheirt bhan ar a chéile i lár an ardáin. Ar an bpointe sin pléascann cnap, cnap, cnap toirní, trí huaire, i dtrí cheard na spéire. Ardaíonn MÁIRE MHÓR a dá lámh suas sa spéir. Beireann BRIGHID BHREÁ ar a cuislinn*].[85]

MÁIRE MHÓR: Pléasc anois, a dhiabhail! Doirt! Pléasc! Réab!

BRIGHID BHREÁ: [*Ar mire le heagla*]. Ná déan! A Dhia! Trócaire!

MÁIRE MHÓR: Déanfad. Déanfad. Mo mhallacht don domhan. Pléasc! Doirt! Réab! Tit! Tit! [*I mbúir*]. Tit!

BRIGHID BHREÁ: [*Ag rith uaithi*]. Tá sí ar mire.

MÁIRE MHÓR: [*Ag rith ina diaidh*]. Is tusa, a chailleacháin na gcleas, is ciontach. Ach táir agam anois. [*Béiceann BRIGHID BHREÁ. Casann sí go tapa ón gcailleach throm mhall. Téann sí chuig an mbóthar. Leanann MÁIRE MHÓR í. Díreach mar atá BRIGHID BHREÁ ag imeacht den ardán, stadann sí de gheit. Filleann sí beagán. Ritheann BRIAN agus MAIGHRÉAD isteach ar an ardán os a gcoinne. Béiceann an bheirt chailleach*].

BRIAN GEALGHÁIREACH: [*I gcogar*]. Cé atá anseo?

BRIGHID BHREÁ: A Mhaighréad! [*Ritheann* MAIGHRÉAD *chuici. Pógann siad*].

MÁIRE MHÓR: A Bhriainín!

BRIAN GEALGHÁIREACH: [*Go fiáin*]. Cá bhfuil Domhnall?

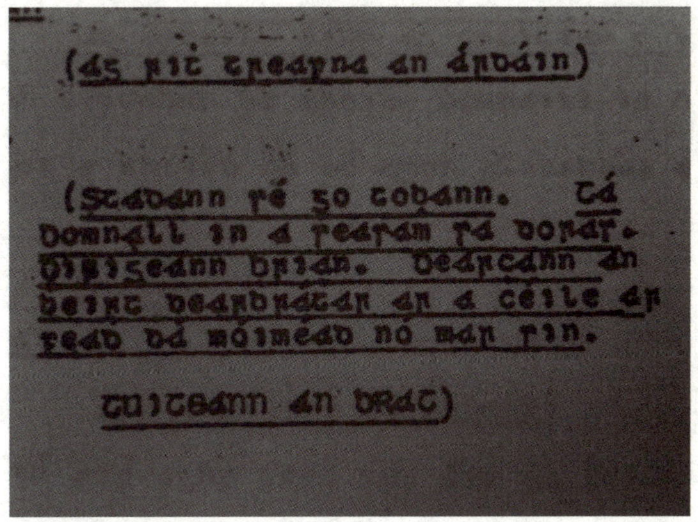

(Ag rith treasna an árdáin)

(Stadann sé go tobann. Tá Domhnall in a seasam sá doras. [illegible] Brian. Dearcann an beirt dearbráthar ar a céile ar fead dá móimead nó mar sin.

Tuiteann an brat)

Sliocht as téacs na Gaillimhe. Críoch an dráma.

MÁIRE MHÓR: [*Dá dhíbirt lena lámha*]. A mhaicín! Rith uaidh! Rith! Tá sé ar do thóir.

BRIAN GEALGHÁIREACH: [*Ag croitheadh a lámh san aer*]. Cá rithfead? Bhí an curach scuabtha den leac. D'éirigh an fharraige ina meall. Níl ach mám[86] idir an dá oileán.

MÁIRE MHÓR: Rith, a mhaicín!

BRIAN GEALGHÁIREACH: Cá raghad? [*Briseann* MAIGHRÉAD *óna máthair agus beireann sí ar* BHRIAN].

MAIGHRÉAD UAIBHREACH: Ná fág mé!

BRIAN GEALGHÁIREACH: Ní fhágfad.

MÁIRE MHÓR: Lig uait é!

BRIGHID BHREÁ: [*Ag breith ar MHAIGHRÉAD*]. Fág é! Fág é!

MAIGHRÉAD UAIBHREACH: Ní fhágfad. A Bhriain, tabhair leat mé!

BRIAN GEALGHÁIREACH: A Mháthair! Cosain sinn![87] Cá bhfuil sé?

MÁIRE MHÓR: Fág aige í agus rith! Gabh i bhfolach i bproclais[88] na coille! Lig uait í! Lig uait í!

BRIGHID BHREÁ: Tar liom, a Mhaighréad!

MAIGHRÉAD UAIBHREACH: Ní raghad. Tar, a Bhriain! [*Cloistear búir ó DHOMHNALL go tobann. Ligeann siad ar fad scread. Ritheann BRIAN chuig an doras. Déanann an triúr ban iarracht ar DHOMHNALL do threascairt ach téann sé de rith te reatha tharstu*].[89]

[*Ritheann Brian isteach sa tigh agus ritheann DOMHNALL isteach ina dhiaidh. An toirneach ina stad ar fad ón áit seo go dtí an deireadh. Ansin cloistear troid istigh agus* 'há-há-há' *ó DHOMHNALL ag bualadh BHRIAIN leis an scian dó. Cloistear scread ó BHRIAN agus duine ag titim de phlimp ar an urlár istigh. Ritheann an triúr ban isteach. Tagann DOMHNALL go mall amach an doras, an scian ina lámh aige agus é ar nós duine a bheas ar mearbhall cinn. Féachann sé ar an scian fhuilteach agus fanann ina sheasamh i gceartlár an stáitse. [An stáitse ag dorchú diaidh ar ndiaidh ón áit seo*].

DOMHNALL DORCHA: Dorchadas.

MAIGHRÉAD UAIBHREACH: Tá do láimhín mharbh i mo lá-áimhín …

MÁIRE MHÓR: Och … och … ochón.

BRIGHID BHREÁ: Och … och … ochón.

DOMHNALL DORCHA: [*Os ard*]. Dorchadas. [*Ritheann sé chuig taobh clé an ardáin. Seasann sé ag dearcadh uaidh*].

MAIGHRÉAD UAIBHREACH: Tá mo chroí reo-ite ionam.

MÁIRE MHÓR: [*Istigh sa tigh*].[90] Och … och … ochón.

BRIGHID BHREÁ: [*Istigh sa tigh*].[91] Och … och … ochón.

DOMHNALL DORCHA: Dorchadas! [*Ritheann sé go taobh deas an ardáin. Seasann sé ag dearcadh uaidh*].

MAIGHRÉAD UAIBHREACH: [*Dá húnfairt féin*].[92] Tabhair leat mé san uaigh.

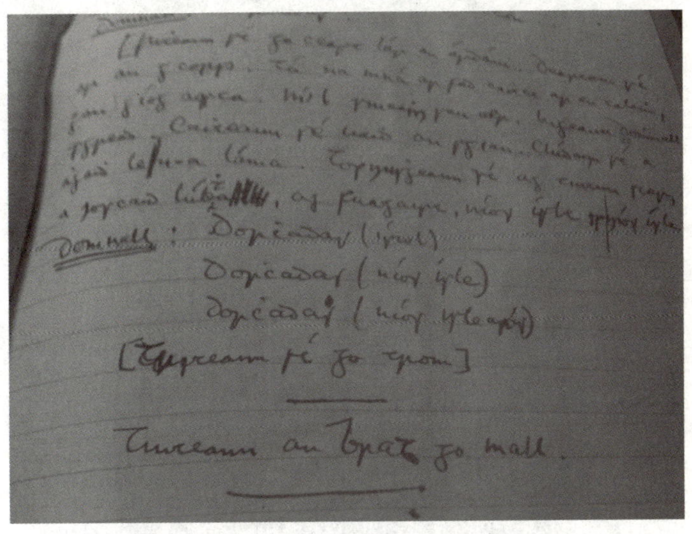

Domhnall : Dorchadas (scread)
Dorchadas (níos ísle)
Dorchadas (níos ísle arís)
[Titeann sé go trom]

Titeann an brat go mall.

Sampla de théacs Kentucky: Críoch an dráma.

MÁIRE MHÓR: [*Dá húnfairt féin*].[93] Och … och … ochón.

BRIGHID BHREÁ: [*Dá húnfairt féin*].[94] Och … och … ochón.

DOMHNALL DORCHA: Dorchadas! [*Ritheann sé go ceartlár an ardáin. Déanann sé ar an gcorp. Tá na mná ar fad caite ar an talamh gan gíog astu.*[95] *Níl smeámh san aer. Ligeann* DOMHNALL *scread. Caitheann sé uaidh an scian.*

*Clúdaíonn sé a aghaidh lena lámha. Tosaíonn sé ag titim siar ar a ioscaidí lúbtha, ag fógairt níos ísle agus níos ísle*].

Dorchadas! [*Íseal*]. Dorchadas! [*Níos ísle*].

Dorchadas! [*Níos ísle arís*].

[*Titeann sé go trom*].

[*Titeann an brat go mall*].

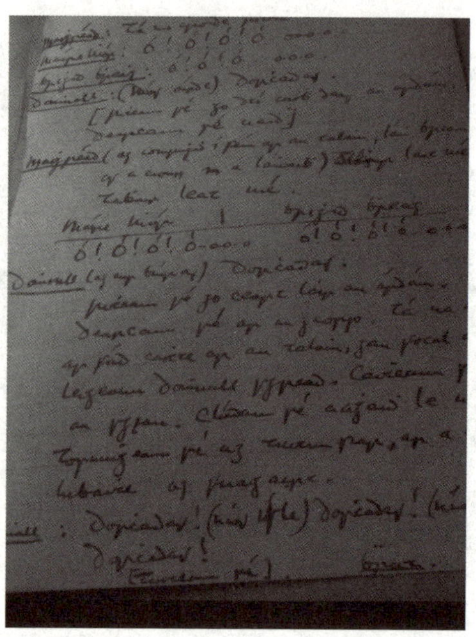

Sampla de théacs Kentucky: Críoch an dráma.

Tá an nóta seo a leanas i dtéacs Kentucky: 'First produced in Gaelic in the Abbey Theatre March 1926 by the Gaelic Drama League to the consternation of the audience'. Tugtar le fios i dtéacs na Gaillimhe gur scríobh Liam Ó Flaithearta an dráma in 1925.

2 *Criogán* 'something between a *creig* or bare expanse of limestone pavement and a pasture'. Feic Robinson (1996), 64.

3 [*triomach*].

4 Tá an frása '*a mháthair*' curtha go deireadh na habairte agus líne curtha tríd, agus '*A Mham*' curtha ina áit i dtéacs na Gaillimhe.

5 [*ag cur an fhóid dhuibh*].

6 '*gruasgar*' atá ag Theo ina léirmheas in *Fáinne an Lae* (13 Márta 1926, 6).

7 Tá an frása seo le fáil i dtéacs Kentucky amháin.

8 Logainm ar Inis Mór, Oileán Árann, idir 'Altóir na Binne Buí' agus 'Aill an Ára Thiar'. Feic Robinson (1996).

9 Tá '*Tádar fiche bliain báite anois*' i dtéacs Kentucky agus an nóta seo a leanas ar imeall an téacs: '*Táid nó tá siad F.É.*' B'fhéidir go dtagraíonn an 'F.É.' d'Fhiachra Éilgeach – Risteárd Ó Foghludha.

10 [*furasta*].

11 Tá 'Faill an Ára Thoir' agus 'Faill an Ára Thiar' ar Inis Mór, Oileán Árann. Feic Robinson (1996).

12 Níl '*Do*' i dtéacs Kentucky.

13 Tá '*ar an gcloch*' i dtéacs Kentucky.

14 [*fuarthas*].

15 [*gile*].

16 Tá '*Nach bhfuileadar*' i dtéacs Kentucky.

17 Tá '*Ná habair sin*' i dtéacs Kentucky.

18 [*naprún*].

19 Tá '*Nach mallacht seo*' i dtéacs Kentucky.

20 [*leanúint*].

21 [*dúchan*].

22 Níl an treoir seo i dtéacs na Gaillimhe.

23 Tá '*amuigh anseo*' i dtéacs na Gaillimhe.

24 Tá '*Céard do rinne*' i dtéacs Kentucky.

25 Tá an focal '*baineann*' scriosta le peann i dtéacs na Gaillimhe.

26 [*mealltóir*].

27 Feic 'cornasc'. Tá nóta faoin bhfocal agus 'F.É.' taobh leis i dtéacs Kentucky. B'fhéidir go dtagraíonn an 'F.É.' d'Fhiachra Éilgeach – Risteárd Ó Foghludha.

28 Tá '*a aghaidh ar talamh*' i dtéacs Kentucky.

29 [*méara*].

30 Tá '*anáil*' baininscneach sa chaighdeán.

31 Tá '*Sea! labhair*' i dtéacs Kentucky.

32 [*cleamhnais*].

33 Tá nótaí ceoil i dtéacs na Gaillimhe.

34 Tagraíonn Robinson d'Altóir na Binne Buí. Feic Robinson (1996), 40.

35 [*aragail*].

36 [*siorc*].

37 [*tochtán*].

38 Tá an abairt seo i dtéacs na Gaillimhe amháin.

39 [*dhonas*].

40 [*meangadh/meangaireacht*].

41 Tá an focal '*aige*' scriosta le peann i dtéacs na Gaillimhe agus '*chugat*' curtha isteach. '*Ligigí aige mé!*' atá i dtéacs Kentucky.

42 Tá '*Cén mhaith suim do chur san saol*' i dtéacs Kentucky.

43 Tá an frása '*sú milis na mban*' scriosta i dtéacs na Gaillimhe.

44 Níl an abairt seo i dtéacs na Gaillimhe.

45 Tá '*ar crith*' i dtéacs Kentucky.

46 Tá '*Tá stad eile*' i dtéacs na Gaillimhe.

47 Níl an treoir seo i dtéacs na Gaillimhe.

48 Níl an treoir seo i dtéacs Kentucky.

49 Tá '*Cén mhaith briseadh croí bheith ort*' i dtéacs Kentucky. Tá an focal '*dhuit*' curtha isteach le peann i dtéacs na Gaillimhe.

50 [*bean*].

51 Tá '*gur éad do bhí aige leat*' i dtéacs Kentucky.

52 In áit '*A mháthair! A mháthair*' i dtéacs Kentucky, tá '*Ná gol, a mháthair*'.

53 Tá an frása seo i dtéacs Kentucky amháin.

54 [*fuadach croí*].

55 [*cleamhnais*].

56 [*méara*].

57 Tagraíonn Robinson (1996) ina léarscáil do *'Leic an Chlochair Bhig'* agus *'An Clochar Mór'* mar logainmneacha ar Árainn.

58 Tá *'A dhearthái*r' i dtéacs na Gaillimhe.

59 [*oilbhéas – scamall dubh an oilbhéasa*].

60 Tá *'Siubhail isteach sa teach'* i dtéacs na Gaillimhe.

61 Tá *'mo chaint do rá'* i dtéacs Kentucky.

62 Tá *'Ba mhaith liom ceist do chur'* i dtéacs Kentucky.

63 Tá *'Chuir mé ceist ort nár fhreagair tú'* i dtéacs Kentucky.

64 Níl an treoir seo i dtéacs na Gaillimhe.

65 Tá *'beann'* i dtéacs na Gaillimhe agus téacs Kentucky.

66 Tá *'Níl agam ach'* i dtéacs Kentucky. Tá an focal *'agam'* scriosta le peann i dtéacs na Gaillimhe.

67 Tá an dá fhocal *'le labhairt'* scriosta le peann i dtéacs na Gaillimhe.

68 Tá *'Éiríonn Brian agus siúlann anonn chuici'* i dtéacs na Gaillimhe amháin.

69 Tá an focal *'meata'* faoi dhó i dtéacs Kentucky.

70 [*na fulaingthe*].

71 Tá nóta [? agat] i dtéacs Kentucky ag gabháil leis an bhfocal *'leat.'*

72 Tá *'Pógann siad go dlúth'* i dtéacs Kentucky.

73 Níl an sliocht seo a leanas *'Solas na gealaí. An dorchadas ag méadú lasmuigh de réir a cheile'* i dtéacs Kentucky.

74 [*tathant – tathantaigh*].

75 Tá *'in ionad'* i dtéacs na Gaillimhe. Tá nóta ar an imeall i dtéacs Kentucky *'b'fhearr in ionad'*.

76 Tá *'Cá'* i dtéacs Kentucky.

77 Tá *'bás'* i dtéacs na Gaillimhe.

78 Tá *'muid'* agus an nóta *'sinn'* ag barr an leathanaigh i dtéacs Kentucky.

79 [*creabhar*].

80 Tá *'d'inghean'* i dtéacs Kentucky.

81 Tá an líne seo scriosta le peann i dtéacs na Gaillimhe.

82 Tá an líne seo scriosta le peann i dtéacs na Gaillimhe.

83 Tá an líne seo scriosta le peann i dtéacs na Gaillimhe.

84 Tá an líne seo scriosta le peann i dtéacs na Gaillimhe.

85 [*cuisle*].

86 [*maidhm*].

87 Tá *'Muid ? sinn'* i dtéacs Kentucky. Tá an frása *'A Mháthair'* scriosta le peann i dtéacs na Gaillimhe agus *'A Mham'* curtha ina áit.

88 [*prochlais/prochóg*]. Dar le foclóir Uí Dhuinnín (1979, 862) is é atá i gceist ná *'a den, a cave, a vault'*.

89 An treoir seo a leanas i dtéacs Kentucky ach scriosta i dtéacs na Gaillimhe [*Aimsíonn sé Brian os comhair an dorais. Ligeann Brian scread. Titeann sé. Titeann Domhnall ina mhullach. Buaileann Domhnall trí huaire leis an scian. Domhnall* Ha! ha! ha! *Ritheann an triúr ban ag screadach chucu. Stróiceann siad Domhnall ón gcorp. Caitheann siad iad féin i mullach an choirp, Máire Mhór ar thaobh na láimhe deise ar a béal fúithi, Maighréad ar thaobh na láimhe clé, lámh mharbh Bhriain ina lámh; Brighid Bhreá i ngreim i Maighréad. Ritheann Domhnall suas an t-ardán, an scian fuilteach ina lámh. Seasann sé ag dearcadh timpeall air*]. Tugtar treoir i dtéacs na Gaillimhe go bhfuil na mná taobh istigh den teach ach go gcloistear a nguthanna.

90 Níl an treoir seo i dtéacs Kentucky.

91 Níl an treoir seo i dtéacs Kentucky.

92 Níl an treoir seo i dtéacs na Gaillimhe.

93 Níl an treoir seo i dtéacs na Gaillimhe.

94 Níl an treoir seo i dtéacs na Gaillimhe.

95 Níl an dá líne seo a leanas i dtéacs na Gaillimhe: *'Déanann sé ar an gcorp. Tá na mná ar fad caite ar an talamh gan gíog astu'*.

1. *Irish Times,* 2 Márta 1926, 5.
2. *Irish Statesman,* 6 Márta, 1926, 802.
3. *Fáinne an Lae,* 13 Márta, 1926, 6.
4. *Fáinne an Lae,* 13 Márta, 1926, 6.

1. Gaelic Plays at the Abbey Theatre, *Irish Times* 2 Márta 1926, 5.

'Last night's performance by the Gaelic Players at the Abbey Theatre was attended by a good deal of curiosity; for the play of the evening was the first production of a three-act tragedy *Dorchadas,* by Liam O'Flaherty. It proved to be exceedingly interesting and it was somewhat surprising to find a novelist proving himself so well skilled in stagecraft: for the play was wholly free from amateur weakness. The chief weakness in *Darkness* – as the play is called – is that it inevitably reminds us of *Birthright,* – for it has a closely similar theme – jealousy among brothers, issuing in tragedy. It was finely staged last night. The characters in the romantic Western fisherfolk's attire familiarised by Synge's plays, were vivid and convincing, and their language had a native eloquence, more satisfying than Synge's unreal diction. The elder brother (M. Ó Catháin), dour and suspicious, the toiler of the family, seems to be preferred by the girl (Máire Ní Oisín), who tells the gay, poetic younger son that she prefers the sinewy hand of the man to the soft palm of the boy. Now, the mother of the boys and the girl's mother discuss the proposed match, and favour the claim of the elder son; but the younger claims the right to make a final plea. Left alone, the elder son makes a poor weper [sic]. Our interest is fixed on the girl's wavering choice. After the elder brother comes the younger, and we are shown the girl, already weakened by his downcast manner, carried away now by his words, flaming with Gaelic eloquence. She agrees to fly with him. The final scene is set in a terrible Western storm. From the cottage on the ocean's brink, amid lightning flashes, the young couple appear. They are pursued by the older brother, whose jealousy has loosened the passions of a dumb soul. He pursues the younger brother with a *skian*; they enter the cottage; like the Greek chorus at the slaying of Agamemnon* within the walls, the women raise the terrible Western keen. The murderer emerges – demented. As the mother of the boys, Máire Ní Shíocháin made the mistake of beginning on too high a note, leaving herself no reserves; but she was impressive. As the girl's mother, Máire Ní Chinnéide was exceedingly good – sympathetic, and even majestic – Máire Ní Oisín was not too well cast for the girl's part which needed subtler treatment of emotion. The second play was Mrs. Constance Powell-Anderson's ever delightful little comedy 'Wooing the Widow'; and here Máire Ní Oisín, as a roguish girl, who helps the lovers to woo in poetry, is at her best. Mr. Ó Scanaill was welcome in his old part of the fierce wooer. The piece is among the best in the players' repertoire.

* Carachtar ó mhiotaseolaíocht na Gréige. Tar éis thurnamh Traoi, tugadh an spéirbhean Cassandra d'Agamemnon mar éadáil catha, ach mharaigh Aegisthus agus Clytaemnestra, bean chéile Agamemnon, iad nuair a d'fhill siad ón gcath.

2. 'Oscar Óg', 'The Gaelic Players', *Irish Statesman* 6 Márta 1926, 802.

On Monday night the Gaelic Players played two plays before a full house. The first was a three-act tragedy by Liam O'Flaherty which is rightly entitled *Gloom*. Though the play may be faulty in many ways, yet it is encouraging to find original work of such promise being done. The scene is presumably in the Aran Islands and we have before us the eternal tragedy of two brothers and one girl. There is a sharp contrast between Gloomy Dan the farmer and Laughing Brian the fisherman. The mother makes a match for Gloomy Dan, but alas the girl loves his more cheerful brother. She wants Brian to flee with her, but he has a conscience and is reluctant, though madly in love with her. In the third act they decide to flee, but as they start off in the coracle, a fearful storm breaks out and they are driven back only to meet the furious Dan, knife in hand. Brian is killed and

Dan, realizing now what he has done, falls dead from shock. They play has two faults: firstly, there is a feeling that too much has been done in a short space – it needs and could bear elaboration – and, secondly, it lacks dignity, especially in the third act. Here it is dangerously near melodrama, and needs more careful treatment not to be even funny in parts. The actors must be excused, for the play was produced at extremely short notice, but Máire Ní Shíocháin, who played the rather thankless role of the mother, could greatly improve her part if she allowed herself more crescendo instead of becoming fortissimo immediately. Muiris Ó Catháin and Gearóid Ó Lochlainn, who played the parts of Dan and Brian, deserve great praise. The second play, a slight comedy, *Flirting with the Widow,* was extremely well played by all the cast, notably Máire Ní Oisín and Máire Ní Shíocháin.

3. Neol. An Dorchadas, *Fáinne an Lae* 13 Márta 1926, 6.**

Bhítheas ag fanúint go mí-fhoighdeach le céad léiriú *Dorchadas* – dráma bunaidh ag Liam Ó Flaithbeartaigh (sic) – agus nuair a cuireadh ar an stáitse é bhí Amharclann na Mainistreach lán go doras amach. Bhí fáth leis an mí-fhoighid óir is duine an Flaithbheartach a bhfuil clú i bhfad is i ngearr air mar gheall ar a shaothar i litridheacht an Bhéarla agus ar sgríobh sé le goirid de ghearrsgéalta Gaedhilge ar *Fáinne an Lae*. Shásuigh an léiriú mí-fhoighid agus suim neamh-choitcianta an lucht éisteachta.

An sgéal is ádhbhar do'n dráma, thiar i n-Oileáin Árann a thuiteas sé amach. Beirt dearbhráthar agus cailín – seansgeál atá caithte go maith faoi'n am seo. Ach i n-inneóin a sheanda is tá an sgéal d'éirigh leis an ughdar caraictéireacht thar na bearta a dhéanamh ar fhuirinn an dráma ar chuma go raibh coladh na nódhachta ar ghach aon phioc de tríd síos. Dráma ealadhanta é go mb'fhearrde litridheacht na Gaedhilge a lán eile dá shórt a bheith ar fáil.

Tar éis an léirighthe fheiceál fanann pictiúirí áirithe i n-aigne duine. Fanann tuairim ar an dráma ina iomláine nach féidir a cheilt ach fanann le hais na tuairime pictiúirí nó dealbha áirithe a réidhtigheas le dath an dráma agus nach réidhtighean. Ní fhéadfaí, cuir i gcás, a mhalairt de theidil a thabhairt air:

*Dorchadas.* Ní raibh léas solais ann ó thosach go deire marab' é gealgháire Bhriain é sa gcéad mhír agus géarmhagadh Mhaighréid Uaibhrigh. Ach sníomhan an sgéal i n-aon *crescendo* uamhain amháin ó árdhuightear an brat go dtuitean sé ar chorpán an dearbhráthar is sine fá dheire thiar.

Beidh daoine an a déarfas leat nár thaithnigh gruaim an dráma leó ach níl aoinne a déarfadh nár thaithnigh ealadhantacht an dráma leo. Níl cleachtadh ag Gaedhilgeóirí ar dhrámaí dá leithéid seo – saghas nuadh iad i reanna na litridheachta – agus is féidir le Gaedhilgeóirí bheith cinnte gur minic feasta a fheicfeas siad a macsamhla. Tá treóir ag sgríbhneóirí Gaedhilge i dtrom-dhrámuíocht anois nach raibh aca go dtí seo. Is fad ó thug Piaras Béaslaí eolas dúinn ar cheird an dráma éadtruim grinn agus is féidir a thabhairt fá deara ar na drámaí grinn a lean drámaí Phiarais Bhéaslaí go rabhthas ag déanamh aithrise ar chreata agus ar mhodhtha comhráidh an úghdair sin. Ach i bpáirt na ndrámaí bróin nó na dtraigéidí b'éigean do'n Chomhar bheith i dtuilleamh-mbuidhe aistriúchán. Beidh atharrú ar an sgéal sin amach annseo. Tá giota eile de'n bhóthar curtha dhínn againn.

Ní dráma sanntach *Dorchadas,* .i. ní baintear fad gan gádh as. Tá dóthain smaointe ann chun é shíneadh ach bhí an ceart ag an bhFlaithbheartach na smaointe seo a dhingeadh isteach ar a chéile go neamh-thrócaireach i gcás go mba mhóide uathbhás a chríche. Traosluighim do'n Ghaedhilge eolaidhe cliste cumasach a bheith ag baint feadhma aistí mar mheadhon drámata.

Maidir leis an aithriseóireacht agus an aisteóireacht níor buadhadh ariamh roimhe orra. Ní féidir idir-dhealú do dhéanamh idir na hAisteóirí ach ceadóchar dom má deirim focailín fá leith i n-onóir Mhuiris Uí Chatháin. Bhí sé go hiongantach. Ní beag sin.

** Níor leasaíodh litriú ná gramadach an ailt seo. Buaileadh cló iodálach ar théarmaí iasachta.

4. Theo. Dorchadas – Tuairim Eile, *Fáinne an Lae* 13 Márta 1926, 6.**

A Chara, Do casadh cara liom tráthnóna Dia Luain agus bhuail an bheirt againn isteach i nAmharclann na Mainistreach. Bhí an áit lán ce's muite de chor shuidheachán in airde an staighre. Ní raibh ann ach go raibh muid in am, mar ba ghearr an t-achar gur buaileadh an 't-oighean', gur mchadh na soillse, agus gur staideadh den chainnt. Ní raibh giog le cloisint.

D'fhanmuid 'nar dtost gur thit an brat tar éis an chéadradhairc. Céard do mheas? arsa mise: 'Tá an Ghaedhilg go deas,' ar seisean, 'agus is cosúil ón leagan cainte agus an chuma atá ortha gur ar mhuinntir Árainn atá an t-ughdar ag déanamh aithris. Cinnte is aisteach an bodach Domhnall, ach tá sé beagáinín mínádúrtha do réir mo thuairme-se.'

Buaileadh an 't-oighean' arís agus isteach linn. Ní raibh sa dara radharc ach míniú agus léiriú níos fearr ar an gcéad radharc. Ní dóigh liomsa go raibh sé ag teastáil chor ar bith. Tá sé níos soiléire ón ghníomh seo nach bhfuil i nDomhnall, ach duine gan chroidhe, gan anam, duine atá cho tugtha sin don fheirg agus nach ceart **duine**.

D'fanmuid leis an treas ghníomh. Bhí chuile dhuine agus cluas air ach bhí bualadh bos le cloisint anois agus arís faoi rud eicínt uathbhásach. Daoine a shíl gur thuig siad, ach nár thuig. Fá cheann tamaillín d'áirigh mé glór fir ar mo chúl, 'Bog díom! bog díom, adeirim!' D'fhéach mé thart agus chonnaic mé gur cailín a bhí ann agus greim ghuailne aicí ar an bhfear a bhí ag cainnt. D'fhoscail sí a súile agus dubhairt sí go faiteach creathach, 'Gabhaim pardún agat, ní raibh neart agam air mar gur sgannruigheadh chomh mór sin mé nuair a chonnaic mé an sgian. Ar marbhuigheadh an bheirt óg?' Thuit an brat agus amach linn.

Dar-! An féidir linn ughdar maith Gaedhilge 'fháil agus a bhéas ina Chríostuidhe san am chéanna? Tá adhbhar an drama chomh sean leis an gceo. Ach na hainmneacha 'athrú seo sgéal an drama. Do chomhraig Domhnall ré na dhearbhráthair Brian: agus thárla ann a nuair do bhádar ar an teallach gur éirigh Domhnall suas a naghuidh a dhearbhrathar agus gur mhairbh é; óir do bhádar éadmhar a los mná.

Gan aimhreas ar bith is duairc dorcha na hintinn atá ag cuid d'ár scríobhnóirí. Tá duairceas agus dorchadas na Rúise ag ithe isteach 'na gcroidhthe. Is mór an dul amú atá ar an úghdar má cheapann sé gur mar sin a mhaireann muinntir an Iarthair ná más smaointe den tsórt sin a bhíos acú. Dorchadas a aigne féin atá á léiriú ag an úghdar, tá faitchíos orm.

Tá a intinn ag imirt cleas air mar d'imrigh intinn Singe cleas air agus é a scríobh dráma in *atmosphere* an Iarthair. Níl i nDomhnall dorcha ach *Playboy* eile. Mar dhrama, níl a fhios agam an ceart drama bróin a thabhairt air no melodrama. Ní réiteochadh an dráma le tuairim an phágánaigh Aristotle féin. Ní thig leis an ughdar a rá go bhfuil *Katharsis* an Ghréigigh le feiceál ann. Sén fáth go scríobhtar drama bróin chor ar bith ná le anam an duine do ghlanadh tré fhaitchíos a chur air sa gcaoi go mbeadh truaigh aige don chuirpeach. Mar dubhairt an Franncach ní mór *une douce terreur et une pitié charmanta* chun drama bróin do dhéanamh. Ba cheart go dtuigfeadh an t-éisteoir go bhféadfadh go dtagadh an mí-ádh céanna air féin i gcás den tsórt céanna. Annsin ní mór trauigh a bheith ag an éisteoir do'n chuirpeach. Cé aige a mbeadh truaigh do chuirpeach a mharbhuigheann a dhearbhrathair mar gheall ar ghirrsigh (a bhanchéile?) Ní ceist grádh é chor ar bith mar ní thuigeann Domhnall rud ar bith faoi ghrádh cé gurbh í seo a chaint féin: déanfa mé mo ghearán leis na hainmhidhe beaga atá ag gruasgar i bhféar na páirce. Níl aon mhuintreas agam-sa leis an gcine daondha: bóránach basach mé.' Cén mhaith do dhaoine a bheith ag leigint ortha gurb ionann muinntir Árainn agus 'bóránach basach' a chruthuigh an t-ughdhar as a inntinn ghruamdha, dhorcha, féin? Ollphiast den tsórt a cheap Emily Bronte atá i gceist aige, ach níor leig sise uirthí gur mhair a leithéid de chuirpeach ariamh. Ní fearracht sin ar ár scríobhnóirí Gaedhilge – agus Béarla – 'má tá ollphiast i gceist agat abair gur as Árainn a tháinig sé!'

Níl de dhorchadas i gcroidhthe na ndaoine gur uatha a shíolruigh an t-ughdar ach an dorchadas atá i gcroidhthe Críostuidhthe, agus tuigtear go bhfuil níos mó measa acú ar dhlighthe Dé ná cheapann an t-úghdar in a intinn shuaraigh féin.

Sgaramar le n-a chéile annsin, agus chuaidh mé abhaile agus gheallas dá mbeadh drama den tsort sin uaim arís go rachann go dtí an *Queen's****, áit nach leigfeadh na hughdair ortha gur as an nGaeltacht gach sórt cuirpeach a bheadh luaidhte sa drama. Theo.

** Níor leasaíodh litriú ná gramadach an ailt seo. Buaileadh cló iodálach ar théarmaí iasachta.

*** The Queen's Royal Theatre, nó Queen's mar ab fhearr aithne air i measc an phobail. Tógadh é ar Shráid Brunswick (Sráid an Phiarsaigh anois) in 1844. Bhí cáil air mar ionad do cheoltóirí, d'amhránaithe agus d'fhuirseoirí. Deineadh athchóiriú ar an bhfoirgneamh in 1893. Is ann a bhí Amharclann na Mainistreach lonnaithe idir na blianta 1951–1966. Leagadh an téatar in 1969 agus tógadh Teach an Phiarsaigh ina áit, atá mar chuid de Choláiste na Tríonóide anois.

Béaslaí, Piaras. 1957. 'Stephen MacKenna: A Conversation', *Irish Times*. 15 Samhain, 5.

Breathnach, Diarmuid & Ní Mhurchú, Máire. 1986. *1882–1982: Beathaisnéis a hAon.* Baile Átha Cliath, An Clóchomhar Tta.

Breathnach, Diarmuid & Ní Mhurchú, Máire. 1992. *1882–1982: Beathaisnéis a Trí.* Baile Átha Cliath, An Clóchomhar Tta.

Breathnach, Diarmuid & Ní Mhurchú, Máire. 2007. *Beathaisnéis a Naoi: Forlíonadh agus Innéacsanna.* Baile Átha Cliath, An Clóchomhar Tta.

Cahalan, James M. 1991. *Liam O'Flaherty: A Study of the Short Fiction.* Boston, Twayne Publishers.

Cahalan, James M. 1993. *Modern Irish Literature and Culture: A Chronology*. New York, G.K. Hall and Co.

Costello, Peter. 1996. *Liam O'Flaherty's Ireland.* Dublin, Wolfhound Press.

Cronin, John. 2003. 'Liam O'Flaherty and Dúil', *New Hibernia Review/Iris Éireannach Nua*, 7. 1: 45–55.

de Bhaldraithe, Tomás. 1967. 'Liam Ó Flaitheartha: Aistritheoir', *Comhar*, Bealtaine, 26.

de Bhaldraithe, Tomás. 1968. 'Liam O'Flaherty-Translator (?)' *Éire-Ireland* 3. 2: 149–53.

De hAe, Risteárd. 1940. *Clár Litridheacht na Nua-Ghaedhilge 1850–1936*, III, Baile Átha Cliath, Oifig Dhíolta Foilseachán Rialtais.

Denvir, Gearóid. 1978. *Aistí Phádraic Uí Chonaire.* Gaillimh, Cló Chois Fharraige.

Denvir, Gearóid. 1991. *An Dúil is Dual.* Indreabhán, Gaillimh, Cló Iar-Chonnachta.

Doyle, P.A. 1971. *Liam O'Flaherty*. New York, Twayne Publishers, Inc.

Doyle, Paul. A. 1972. *Liam O'Flaherty: An Annotated Bibliography.* Try, New York, The Whitston Publishing Company Inc.

Elborn, Geoffrey. 1990. *Francis Stuart: A Life.* Dublin, Raven Arts Press.

'Eoin', 1926. *Irish Independent*. 3 Márta, 8.

Fox, R. M. 1938. *Smoky Crusade*. Hogarth Press, 180–8.

Fox, R. M. 1943. *History of the Irish Citizen Army*. Dublin, James Duffy and Co.

Goodway, D. 1977. 'Charles Lahr: Anarchist, Bookseller', *London Magazine*, Meitheamh-Iúil, 47–55.

Hartley, L.P. 1926. 'New Fiction', *The Saturday Review*, 13 Samhain, 592.

Higgins, Michael D. 1985. 'Liam O'Flaherty and Peadar O'Donnell: Images of Rural Community', *The Crane Bag*, 9.1: 41–8.

Hilliard, Christopher. 2005. 'Modernism and the Common Writer', *The Historical Journal*, 48. 3: 769–87.

Hilliard, Christopher. 2006. 'Producers by Hand and by Brain: Working-Class Writers and Left-Wing Publishers in 1930s Britain', *The Journal of Modern History*, 78. 1: 37–64.

Hoult, Norah. 1934. 'Liam O'Flaherty and the Irish Scene', *The Bookman*. 170.

Hudson, Mark. 2007. 'Lost Treasures of the British Picasso', *The Telegraph*. 13 Eanáir.

Kelly, A.A. 1996. *The Letters of Liam O'Flaherty*. Dublin, Wolfhound Press.

Krause, David (Ed), 1980. *The Letters of Sean O'Casey. Vol. 11 1942–1954*. New York, Macmillan Publishing Co., Inc.

Lahr, Sheila. *Yealm Available at:* http://www.militantesthetix.co.uk/yealm/CONTENTS.htm

Lahr, Sheila. 2011. Comhfhreagras príobháideach le Brian Ó Conchubhair.

Lloyd, David. 1999. *Ireland after History*. Cork, Cork University Press.

Mac an Iomaire, Liam. 2000. *Breandán Ó hEithir: Iomramh Aonair*. Indreabhán, Cló Iar-Chonnachta.

Mac Congáil, Nollaig. 1981. 'Nóta faoi Shaothar Gaeilge Liam Uí Fhlaithearta', *Comhar*, 40. 6: 17.

Mac Congáil, Nollaig. 2003. *Na Blianta Corracha: Séamus Ó Grianna*. Baile Átha Cliath, Coiscéim.

'M.A.T.' 1926. 'Stage and Platform.' *Sunday Independent*. 7 Márta, 2.

McMahon, Timothy. 2008. *Grand Opportunity: The Gaelic Revival and Irish Society 1893–1910*. Syracuse, Syracuse University Press.

Ní Chionnaith, Eibhlín. 1995. *Pádraic Ó Conaire: Scéal a Bheatha*. Indreabhán, Cló Iar-Chonnachta.

Ní Chnáimhín, A. 1947. *Pádraic Ó Conaire*. Baile Átha Cliath, Oifig an tSoláthair.

Ní Mhuircheartaigh, Éadaoin agus Mac Congáil, Nollaig. 2008. *Drámaí Thús na hAthbheochana*. Galway, Arlen House.

'Noel', 1926. *Fáinne an Lae*, 13 Márta, 2.

O'Brien, James H. 1973. *Liam O'Flaherty*. Lewisburg, Bucknell University Press.

Ó Broin, León. g. d. *Just like Yesterday: An Autobiography*. Dublin, Gill & Macmillan.

Ó Cathasaigh, Aindrias. 2007. *Réabhlóid Phádraic Uí Chonaire*. Baile Átha Cliath, Coiscéim.

Ó Cathasaigh, Aindrias. 2009. *Ré Nua os comhair na nGael? Conspóidí Chonradh na Gaeilge 1932–1939*. Baile Átha Cliath, Coiscéim.

Ó Conaire, Pádraic. 1918. 'Drámaí', *The Irishman*. 28 Meán Fómhair.

Ó Conchubhair, Brian. 2000. 'Liam Ó Flaithearta agus Scríobh na Gaeilge: Ceist Airgid nó Cinneadh Chonradh na Gaeilge?', *New Hibernia Review/Iris Éireannach Nua*: 4. 2: 116–140.

Ó Conchubhair, Brian. 2011. 'An Gúm, The Free State and the Politics of the Irish Language', in Linda King agus Elaine Sisson (Eag), *Ireland, Design and Visual Culture: Negotiating Modernity, 1922–1992*. Cork, Cork University Press, 93–113.

Ó Donghaile, Deaglán. 2011. *Blasted Literature: Victorian Political Fiction and the Shock of Modernism*. Edinburgh, Edinburgh University Press.

O'Donovan, Michael. 1934. 'Two Languages', *The Bookman*, 240–1.

O'Flaherty, Liam. 1927. *The Life of Tim Healy*. London, Jonathan Cape.

O'Flaherty, Liam. 1927. 'Writing in Gaelic', *Irish Statesman*, 17 Nollaig, 348.

O'Flaherty, Liam. 1946. 'Irish Revival Delights Liam O'Flaherty', *Irish Press*, 13 Bealtaine, 4.

Ó Flaitheartha, Liam. 1953. 'Pádraic Ó Conaire', *Comhar*, Aibreán. Ar fáil in Tomás de Bhaldraithe (Eag), *Pádraic Ó Conaire: Clocha ar a Charn*. Baile Átha Cliath, An Clóchomhar Tta., 51–7.

Ó Glaisne, Risteárd. 1980. 'Rogha Teanga: Ó Flaithearta agus an Ghaeilge', *Comhar*, 39. 6: 16–7.

Ó hAnluain, Eoghan. 1984. 'A writer who bolstered the Irish revival', *Irish Times*, 8 Meán Fómhair, 7.

Ó hEithir, Breandán. 1977. 'Liam Ó Flatharta agus a Dhúchas', *Willie the Plain Pint agus an Pápa*. Corcaigh, Cló Mercier, 65-76.

Ó hEithir, Breandán. 1987. *A Guide to History, Politics and Culture*. Dublin, O'Brien Press.

O'Leary, Philip. 2004. *Gaelic Prose in the Irish Free State 1922–1939*. Dublin, University College Dublin Press.

'Oscar Óg', 1926. *Irish Statesman*, 6 Márta, 802.

Ó Siadhail, Pádraig. 1989. *Bairbre Rua agus Drámaí Eile*. Indreabhán, Gaillimh, Cló Iar-Chonnachta.

Ó Siadhail, Pádraig. 1993. *Stair Dhrámaíocht na Gaeilge 1900–1970*. Indreabhán, Cló Iar-Chonnachta.

Ó Siadhail, Pádraig. 2007. *An Béaslaíoch: Beatha agus Saothar Phiarais Béaslaí (1881–1965)*. Baile Átha Cliath, Coiscéim.

Ó Súilleabháin, Donnchadh. 1972. 'Tús agus Fás na Drámaíochta i nGaeilge', *Ardán*. Samhradh, 2–11.

Ó Tuathaigh, Gearóid. 2008. 'The State and the Irish Language', in Caoilfhionn Nic Pháidín agus Seán Ó Cearnaigh (Eag), *A New View of the Irish Languages*. Baile Átha Cliath, Cois Life, 26–42.

Riggs, Pádraigín. 1994. *Pádraic Ó Conaire: Deoraí*. Baile Átha Cliath, An Clóchomhar Tta.

Robinson, Tim. 1996. *Oileáin Árainn: A Companion to the Map of the Aran Islands*. Galway, Folding Landscapes.

Ryan, W.P. 1913. 'Synge and the Irish Theatre', *The Bookman*, Nollaig, 170–1.

Savage, Robert J. 2010. *A Loss of Innocence?: Television and Irish Society 1960–72*. Manchester, Manchester University Press.

Sheeran, Patrick F. 1976. *The Novels of Liam O'Flaherty: A Study in Romantic Realism*. Atlantic Highlands, New Jersey, Humanities Press.

Sheeran, Pat. 1984. 'Beastly Loot', *Comhar*. 43.12: 40–2.

Shepherd-Barr, Kirsten. E. 2010. 'Staging Modernism', in Peter Brooker (Eag), *Oxford Handbook of Modernisms*. Oxford University Press, 122–138.

Ryan, W.P. 1929. 'Drama and Democracy', *The Bookman*, Lúnasa, 271.

Shone, Richard. 1992. 'Exhibition Reviews: London and Leeds, William Roberts; Mark Gertler', *The Burlington Magazine*, 134. 1071: 394–5.

Sisson, Elaine. 2010. 'A Note on What Happened' Experimental Influences on the Irish Stage: 1919–1929. *Forum Kritika* 15, 132–48.

'Splannc', 1926. *An Sguab*. Abrán/Aibreán, 64.

Tuama, Keith. 1987. 'Wyndham Lewis, Blast and Popular Culture', *ELH*, 54. 2: 403–19.

Thacker, Andrew. 2010. 'London: Rhymers, Imagists, and Vorticists' in Peter Brooker (Eag), *Oxford Handbook of Modernisms*. Oxford University Press. 687–705.

'Theo', 1926. *Fáinne an Lae* 13 Márta, 2.

Ua Mathghamhna, Eoin. 1924. 'Obscenity in Modern Irish Literature', *The Irish Monthly*, 52, 617: 569–73.

Walsh, John. 2002. *Díchoimisiúnú Teanga: Coimisiún na Gaeltachta 1926*. Baile Átha Cliath, Cois Life.

W.B.W. 1920. 'Literary Gossip', *The Athenaeum*, 13 Lúnasa, 213.

Zimmer, John. 1970. *The Literary Vision of Liam O'Flaherty*. Syracuse, Syracuse University Press.

— 1930. 'A Letter from Dublin,' *Saturday Review*, 8 Márta, 290.

— 1926. *Irish Times*, 2 Márta, 5.

— 1921. 'Novels in Brief', *The Athenaeum*, 14 Eanáir, 43.

— 1926. 'This Week's News of Ireland', *Irish Times*, 1 Bealtaine, 12.

FOINSÍ CARTLAINNE

An Gúm. Comhad G 233/221 & G99/52

British National Archives. Comhad WO/372/7